DUMONT

Are Kalvø

Ab in den Süden

Aus dem Norwegischen von
Wolfgang Butt

1. Auflage 2020
© 2020 für die deutsche Ausgabe: DuMont Reiseverlag, Ostfildern

Dieses Buchprojekt wurde vermittelt durch Stilton Literary Agency, Oslo,
und Arrowsmith, Hamburg.

Der Verlag dankt NORLA – Norwegian Literature Abroad – für die
Förderung der Übersetzung.

Die norwegische Originalausgabe ist unter dem Titel »Syden« bei
Det norske samlaget in Oslo erschienen.

Übersetzung: Wolfgang Butt
Redaktion: Annika Krummacher, Katharina Grimm
Umschlaggestaltung: Birgit Kohlhaas
Umschlagabbildungen: Front: javarman/AdobeStock, Artesia Wells/
shutterstock (Mitte links), PeskyMonkey/iStock (Mitte rechts),
Tupungato/shutterstock (unten); Rücken: javarman/AdobeStock, Long John/
shutterstock (oben); Klappe: John Andresen
Innengestaltung, Satz: Anja Linda Dicke, www.dickedesign.de, Berlin
Printed in Poland
ISBN 978-3-7701-6691-6

www.dumontreise.de

»Wir alle sind Sklaven der hektischen Zeit, in der wir leben. Gerade deshalb brauchen wir mehr denn je einen Urlaub, in dem wir uns entspannen können. Stellen Sie sich nur einen weißen Sandstrand unter blauem Himmel vor – und wie Sie eintauchen in die salzigen, kühlen Wellen oder interessante historische Streifzüge unternehmen.«

Aus dem Süden-Katalog von Saga Tours, 1964

Inhalt

Hellas – Land der Kontraste 194

Prolog aus dem Norden

Der Sommer 2020 wurde anders als erwartet. Ein Virus kam. Gesundheitsbehörden und Politiker sagten uns, was wir zu tun hatten. Sie sagten: »Du sollst nicht zur Schule gehen, du sollst nicht in den Kindergarten gehen, du sollst am besten weder zur Arbeit gehen noch zu Sportveranstaltungen oder Kulturevents, du sollst die Leute nicht begrüßen oder sie umarmen, du sollst ältere und kranke Verwandte nicht besuchen. Du sollst, kurz gesagt, das Gegenteil tun von allem, was du gelernt hast. Außerdem sind die Kneipen geschlossen.«

Und wir bemühten uns nach Kräften. Ungewohntes wurde schnell zur Gewohnheit. Wir zuckten zusammen, wenn Menschen im Fernsehen sich die Hand gaben oder umarmten. Schnell hatten wir vergessen, dass Alkohol auch etwas Trinkbares war und nicht nur eine Flüssigkeit, mit der wir uns alle sechs Minuten die Hände desinfizierten.

Die Menschen fingen an zu joggen, um einen Vorwand zu haben, aus dem Haus zu kommen. Sie legten sich die seltsamsten Hobbys zu, um sich drinnen die Zeit zu vertreiben. Backen zum Beispiel. Urbane Großkonsumenten von Kultur, Unterhaltung und Freizeitaktivitäten machten Witze darüber, dass dies ja für die Menschen in Kleinstädten und auf dem Lande kein Problem sein dürfte. Nicht in die Kneipe gehen, nicht ins Restaurant gehen, keine Kulturveranstaltungen besuchen, anderen Menschen aus dem Weg gehen, das Haus nicht verlassen, außer um einzukaufen oder an Orten spazieren zu gehen, wo keine anderen Menschen unterwegs sind? Ist das nicht das Leben, das Provinzbewohner ohnehin die ganze Zeit führen?

Aber die Witze blieben schal, denn wir wussten, dass wir alle betroffen waren. Alle mussten etwas opfern. Und bald kam das größte aller Opfer:

Dies Jahr können wir nicht Urlaub machen, wo wir wollen.

Am besten sollen wir die Ferien in der Heimat verbringen.

Und wieder bemühten wir uns nach Kräften. Wir verbrachten die Ferien im eigenen Land. Und um zu zeigen, dass uns das keine Probleme bereitet, prahlten wir damit, viel, laut und gern.

Doch mit welchen Worten? Was schrieben viele unter die Angeberfotos, die sie aus den Ferien in der Heimat teilten? Die Bilder, auf denen sie in einem etwas zu kalten Biergarten ein etwas zu teures Pils trinken, das sie per App bestellt haben? Auf denen sie in etwas zu kaltem Wasser im hohen Norden baden? Die Bilder, auf denen sie ihr etwas zu hysterisches Lächeln festhielten, um sich selbst und andere zu überzeugen?

Was schrieben sie da? Ja, sie schrieben:

»Wer braucht schon den Süden?«

Selbst jetzt, da wir weltgewandt geworden und überall gewesen sind, selbst jetzt, da wir alles gesehen haben, ist dies der Maßstab dafür, wie gelungen unsere Ferien sind. Über ein halbes Jahrhundert nach Aufkommen des Pauschaltourismus, lange nachdem Gruppenreisen nach Südeuropa zu einem Stereotyp wurden, einem Witz über vulgäre, faule, sonnenverbrannte Menschen am Strand, lange nachdem eine Reise in den Süden so alltäglich wurde wie ein Hüttenwochenende oder der Sonntagsbesuch bei Verwandten, und – in aller Bescheidenheit – achtzehn Jahre, nachdem ich dieses Buch schrieb, selbst jetzt, auch wenn wir es besser wissen, messen wir uns daran, während wir mit der Wolldecke auf dem Schoß im Mindestabstand von einem Meter fünfzig vom Nachbartisch im Biergarten sitzen:

An dem mythischen Land, in dem nichts ist wie bei uns zu Hause – dem Süden.

ERSTER TEIL

Süden –

Land der Kontraste

»Hier sind sie – die schönsten Urlaubsziele Europas: liebliche
Strände, blaue Berge, vielfältige Landschaften, Dörfer und Städte,
wo vergangene Zeiten bis heute die bunte Geschichte der Mensch-
heit mit ihren Licht- und Schattenseiten erzählen. Hier erleben
Sie die quirlige Gegenwart, die ewige Sonne, das wunderbare
Klima. Hier genießen Sie den Duft der Blumen, den Wein, das
süße Nichtstun, eine internationale Atmosphäre, Luxus und
Ursprünglichkeit zugleich. Ja, hier finden Sie alles, was das Touris-
tenherz begehrt – Sie müssen sich nur noch für Ihr Urlaubsziel
entscheiden!«

Aus einem Reisekatalog von Stjernerejser (1965)

»Eine Urlaubsreise kostet meist genauso viel wie ein Fernseher,
eine Gefriertruhe oder eine Spülmaschine. Aber Sie bekommen
keine Garantie. Sie können die Reise nicht ausprobieren, bevor
Sie sie kaufen. Und Sie können Sie auch nicht umtauschen, wenn
Sie nicht zufrieden waren. Das Schlimmste ist: Sie zahlen die
gesamte Reise im Voraus, bevor Sie gesehen haben, was Sie für
Ihr Geld bekommen. Kaum etwas anderes wird mit so viel blau-
äugigem Optimismus gekauft.«

Aus einem Reisekatalog von ABC Vingreiser (1974)

Ein paar Fakten zum Süden

Fläche: 10 608 492 km^2
Einwohnerzahl: 687 735 000, im Sommer natürlich
weitaus mehr
Hauptstadt: Badestrand
Bevölkerung: Einheimische und Touristen
Wirtschaft: Tourismus, Gastronomie, Stadtführungen,
Unterhaltung, Tretbootverleih, Organisation von Ausflügen,
etwas Fischerei
Sprachen: hauptsächlich Spanisch, Portugiesisch, Französisch,
Italienisch und Griechisch, aber auch etwas Englisch und
Deutsch sowie an ausgewählten Orten vereinzelte, zum Teil eher
derbe Sätze auf Skandinavisch
Währung: Gefälligkeiten, heute vor allem Euro
Religion: überwiegend Sonnenanbetung
Regierungsform: Der Süden besteht aus zahlreichen Klein-
staaten mit einem hohen Maß an innerer Selbstständigkeit,
die von Repräsentanten internationaler Reiseveranstalter
geführt werden.

Der Süden ist ein anderer Ort

1 Beim Lesen von Süden-Reisekatalogen fällt mir auf, dass viele der darin beschriebenen Reiseziele große Ähnlichkeiten mit der Kleinstadt Moltustranda an der norwegischen Westküste haben.

In solchen Reisekatalogen werden griechische Urlaubsorte beispielsweise so beschrieben: »Das kleine Fischerdorf Spinatos besticht durch seine idyllische Lage weit draußen am Meer. Hier hat man es nicht eilig. Hier scheint die Zeit stillzustehen.«

Auch Moltustranda liegt weit draußen am Meer. Man hat es dort definitiv nicht eilig, und ich kenne etliche Leute, die der Meinung sind, in Moltustranda stehe die Zeit still, und zwar schon lange.

Aber keiner käme deshalb auf die Idee, den Familienurlaub oder seine Flitterwochen dort zu verbringen.

Nicht, dass ich etwas gegen Moltustranda hätte. Ganz und gar nicht. Ich kenne sogar ein paar nette Menschen, die aus Moltustranda kommen. Nur ist es eben kein Ort, wo man seinen

Urlaub verbringt. Natürlich hängt das mit dem Klima zusammen, mit der geringen Anzahl an Übernachtungsmöglichkeiten und mit Moltustrandas eher begrenztem Gastronomieangebot. In erster Linie aber hat es damit zu tun, dass der Süden ein komplett anderer Ort ist. Ein Ort, an dem ganz andere Regeln gelten als zu Hause, wo ganz andere Dinge als romantisch, exotisch und idyllisch erlebt werden.

Fisch zum Beispiel.

Sprich mehrmals nacheinander das Wort »Fisch« aus.

Fisch Fisch Fisch Fisch.

Was du hörst, ist nicht der Klang von Urlaub. Du hörst nicht den Klang von etwas Exotischem oder Idyllischem. Was du hörst, ist das Gegenteil von Urlaub. Das Gegenteil von Freiheit, Luxus, Partystimmung und Gemütlichkeit.

Fisch Fisch Fisch Fisch.

Prickelnde Spannung, Verliebtheit und flimmernde Hitze klingen anders. Das ist nicht der Klang von sorglosen Tagen, späten Abenden und Wellenrauschen am Sandstrand.

Bei Fisch denkt man nicht an Urlaub. Man denkt nicht einmal an Wochenende. Fisch ist Dienstag. Fisch ist Schulmensa. Fisch ist vernünftig. Fisch ist gut für dich. Fisch, das ist der Klang, der Geschmack und der Geruch von Alltag, an dem es nichts im Fernsehen gibt und nichts zu tun und nichts, worauf man sich freuen kann, und nichts Interessantes zum Abendessen.

Und Fischer?

Sprich das Wort »Fischer« aus, und du denkst an harte Arbeit, hohe See, Fangquoten, leergefischte Meere, geringe Einkünfte und an kleine Küstenorte ohne Supermarkt und ohne Friseur, die von Landflucht bedroht sind. Du denkst an deftigen Humor, aber nicht an Romantik am Strand. Und ganz bestimmt nicht an Sommer und Sonne, ja nicht einmal an gutes Wetter, sondern nur an stinknormales Sauwetter.

Aber wenn du das Wort »Fisch« oder »Fischer« in einem Süden-Katalog liest, denkst du an herrliche Strände, an Ruhe und Entspannung, an paradiesische Kleinstädte mit freundlichen alten sonnengebräunten Menschen in weißen Steinhäusern.

»Fischerdorf« ist eins von diesen Wörtern, die plötzlich etwas Faszinierendes und Romantisches bekommen, wenn es um den Süden geht. Und zwar *nur* dann. Auch Moltustranda ist ein Fischerdorf. Aber niemand findet Moltustranda faszinierend.

Wann hast du zuletzt an einem Samstagabend zu Hause gesessen und dich gelangweilt, um dich dann zu deiner Liebsten umzudrehen und zu sagen: »Weißt du was, Schatz, lass uns mal einen Fischer besuchen«?

Im Süden wäre das ein ganz normaler Vorschlag. In seinem Katalog für die Kanarischen Inseln lockt ein Reiseveranstalter die Urlauber mit folgendem Angebot:

> »Wir besuchen eine sympathische und ganz typische
> Fischerfamilie. Es wird ein unvergesslicher Abend
> am Strand bei der Fischerhütte. Die Frau des Fischers
> bereitet eine landestypische Spezialität zu: Paella
> und einen herrlichen Salat. Dazu trinken wir Rosé.
> Zum Tanz wird Kaffee mit Cognac serviert.«

Noch besser, als am Abend einen Fischer und seine Familie zu besuchen, ist es, mit ihm im Boot hinauszufahren. Viele Urlauber aus der Fischereination Norwegen interessieren sich zu Hause nicht nennenswert für das Thema, stehen in den Ferien aber gern um halb fünf morgens auf, um einen echten Fischer bei seiner Arbeit zu erleben.

Nicht nur Fischer wirken im Süden besonders faszinierend. Auch alte Leute sind hier etwas Besonderes. Es tauchen in den Katalogen der Reiseveranstalter zwar nicht viele Fotos von Einheimischen auf, aber die Bilder, die man findet, zeigen häufig sehr alte Menschen. Runzelige Frauen mit Damenbart. Unrasierte Männer mit abenteuerlichen Kopfbedeckungen. Bestimmt gibt es beides auch in Moltustranda, ohne dass wir Kataloge damit füllen würden. Doch im Süden ist alles, was alt ist, idyllisch. Das gilt für alte Menschen ebenso wie für alte Dinge, insbesondere für alte unpraktische Gegenstände, die nicht mehr funktionieren. Im Mallorca-Programm von Star Tours ist unter der Überschrift »Idyllisches Mallorca« über einen Ausflug zum ehemaligen Landgut La Granja Folgendes zu lesen:

> »Auf La Granja geht das Leben noch immer seinen Gang wie in früheren Zeiten. Wir machen einen Spaziergang durch den schönen und üppigen Garten, vorbei an prächtigen Blumen und Tomaten. Alles ist so erhalten, wie es früher einmal war. Die Nebengebäude enthalten nicht nur alte Landwirtschaftsgeräte, hier gibt es auch Tiere anzuschauen. Im Wohnhaus können wir unter anderem die Schlafzimmer, den Speisesaal und die Folterkammer besichtigen.«

Eine idyllische Folterkammer ist natürlich absurd. Aber auch so ist dies ein Beispiel dafür, dass wir im Süden Dinge tun, auf die wir zu Hause im Leben nicht kommen würden. Ferien auf dem Bauernhof sind eine Sache. In seinem Urlaub einen stillgelegten und unbewohnten Hof mit leeren Ställen zu besuchen, ist etwas ganz anderes. Welcher Norweger würde schon einen Ferientag in seiner Heimat damit verbringen, einen stillgelegten Bauernhof zu besuchen und alte Kartoffelsetzmaschinen und einen Massey Ferguson ohne Räder zu besichtigen? Und sich als Höhepunkt des Ausflugs die Stelle hinter dem Stall anschauen, wo der Großbauer in alten Tagen ungehorsame Knechte grün und blau prügelte?

Im Süden finden wir ganz andere Dinge interessant als zu Hause. Und wir sind weitaus offener dafür, etwas Interessantes zu erleben, wenn wir im Süden sind. Als ich zum ersten Mal mit meinen Eltern auf Süden-Tour reiste, war ich fest entschlossen, diese Augenblicke, die ich als authentische Süden-Momente empfand, diese kleinen Episoden, die mir das Gefühl gaben, ganz woanders zu sein, in vollen Zügen zu genießen. Ein Mann mit einem Glas Wein in einem Straßencafé. (Zu Hause hätte ich gedacht: ein feister Typ, der am helllichten Tag Alkohol trinkt.) Eine alte Dame, die an ihrem Fenster steht und die Passanten betrachtet. (Zu Hause hätte ich gesagt: »Was glotzt du so, du alte Schachtel?«)

Was mir auf meiner ersten Süden-Tour am besten gefiel und mir wirklich das Gefühl vermittelte, in der großen weiten Welt zu sein, war mein abendlicher Spaziergang zum Strand, wo ich eine halbe Stunde lang aufs Wasser schaute. Ich glaube nicht, dass ich an etwas Besonderes dachte, während ich dastand und aufs Mittelmeer starrte, aber ich weiß noch, dass ich den Eindruck erwecken wollte, ich dächte an etwas Besonderes. Etwas ganz Besonderes. Und Tiefgründiges.

Wasser hatten wir zu Hause auch. Jede Menge sogar. Das war es nicht. Aber ich hatte nie eine halbe Stunde am Fjord gestanden und aufs Wasser hinausgeschaut. Wer sich in meinem Heimatort am ehesten am Wasser aufhielt, waren die Leute, die sich am Kai herumtrieben. Sie hatten Autos und parkten demonstrativ mit dem Wagenheck zum Fjord. Hätte ich mich damals, als frischgebackener Teenager, eine halbe Stunde neben ihre Autos gestellt und auf den Fjord hinausgeblickt, ohne etwas zu sagen, hätten mich die Leute für den Rest meines Lebens als total durchgeknallt betrachtet, so viel steht fest.

Im Süden sind ganz andere Dinge statusträchtig als zu Hause, und dort gilt auch eine vollkommen andere Hierarchie. Wer schon eine Woche in einem Hotel im Süden verbracht hat, steht höher in der Hierarchie als die Frischlinge, die gerade erst mit dem Bus vom Flughafen angekommen sind. Er darf sich am Strand über die Bleichgesichter lustig machen und am nächsten Morgen kichern, wenn die Bleichgesichter keine Bleichgesichter mehr sind, sondern sonnenverbrannt zum Frühstück erscheinen.

Was das betrifft, ist ein Urlaub im Süden dem Militärdienst nicht ganz unähnlich. Auch beim Militär hat derjenige, der am längsten dabei ist, den höchsten Status und darf die Frischlinge mobben, ja, es ist sogar seine Aufgabe. Natürlich gibt es entscheidende Unterschiede zwischen Urlaub im Süden und dem Militärdienst. Bei der Armee sind zum Beispiel wenig Frauen, bei Militärübungen herrschen häufig dreißig Grad minus, und anders als im Urlaub möchtest du beim Militärdienst am liebsten sofort nach Hause. Aber vieles ähnelt sich auch: Eine Gruppe von Menschen, die sich sonst nie begegnet wären, ist an einem Ort versammelt, um Dinge zu tun, die sie zu Hause nicht tun würden. In beiden Szenarien übernehmen die Leute verschiedene Rollen innerhalb der Gruppe. Sowohl in einer Gruppe von Wehrdienstleistenden als auch in einer Reisegruppe kristallisiert sich schon früh heraus, wer der Spaßvogel ist, wer am liebsten Party macht, wer sich gern mal zurückzieht und wer kurz vor Mitternacht unbedingt ein Lied anstimmen muss. Außerdem sind Süden-Touristen und Soldaten uniformiert. Im Süden besteht die Uniform aus Minimalbekleidung.

Wenn Menschen auf die eine oder andere Weise uniformiert sind, passiert etwas mit ihnen. Das fällt mir jedes Mal auf, wenn im Supermarkt nebenan »mexikanische Woche« ist und einer der jungen Verkäufer – ein normalerweise schwarz gekleideter junger Mann mit einem Hang zu richtig düsterer Rockmusik – in einem rosa T-Shirt und mit Sombrero an der Kasse sitzt und darauf hofft, dass niemand in den Laden kommt, der ihn kennt.

Auch wenn Süden-Touristen nicht ganz so auffallend uniformiert sind (außer auf manchen Festen, doch dazu später), so geschieht doch etwas mit den Menschen, wenn man ihnen ihre Alltagskleidung abnimmt. Kein Tourist trägt Bürokleidung oder einen Jogginganzug. Niemand läuft mit einer Aktenmappe herum. Anders als zu Hause kannst du den Menschen nicht ansehen, welchen Beruf sie haben. Und selbst wenn es tausend Varianten von Badebekleidung gibt, ändern sich ein paar wesentliche Dinge bei allen Menschen, die wenig anhaben. Niemand – wirklich niemand! – wird es schaffen, in einer Badehose mit natürlicher Autorität aufzutreten. Du kannst es selbst ausprobieren. Wenn du das nächste Mal einen bedeutenden Staatsmann im Fernsehen siehst, wenn ein angesehener Bürger sich voller Betroffenheit zu irgendwas äußert oder wenn dein Chef das nächste Mal die Einführungsworte zu einem Seminar spricht – dann stell dir den Betreffenden in der Badehose vor, und schon ist seine Autorität verschwunden.

In vielen Ratgebern für Menschen, die einen Vortrag oder eine Rede halten müssen, ist zu lesen, dass man sich seine Zuhörer nackt vorstellen soll. Angeblich verliert man dadurch ein wenig von dem übertriebenen Respekt vor dem Publikum und einen Teil seiner Nervosität. Damit der Trick funktioniert, muss der Referent allerdings ausblenden können, dass die Zuhörer sich möglicherweise dasselbe vorstellen, nur auf den Referenten bezogen.

Zuweilen sind Süden-Urlauber wirklich uniformiert, im wahrsten Sinne des Wortes. Ich zitiere wieder aus einem Reisekatalog für die Kanarischen Inseln:

»Das Schweinefest. Im malerischen Taurotal besuchen wir die Hütte eines Hirten. Die Familie hat das Haus festlich geschmückt. Unter freiem Himmel werden Spanferkel gegrillt, und zu dem leckeren Fleisch werden Wein, Brot und herrlicher Salat serviert. Kanarische Lieder erklingen, es gibt Musik und Tanz. Und am Ende verkleiden sich alle mit Hüten und weiten Mänteln als Hirten.«

Genau wie beim Karneval, auf einer Abiparty oder bei einem Themenfest, das zwei Wochen dauert.

Weil du dich an einem Ort befindest, wo andere Regeln gelten, und mit Menschen zusammen bist, mit denen du nie wieder zusammentriffst, kannst du dich im Süden ganz anders verhalten als zu Hause. Du kannst dir ein ganz neues Image zulegen, wie bei einem Umzug oder einem Schulwechsel. Man hat die Chance, sein altes Image hinter sich zu lassen und ein anderes auszuprobieren, wobei eine Reise in den Süden den Vorteil hat, dass man nach vierzehn Tagen zu seinem alten Image zurückkehren kann, falls das neue sich als Fehlgriff erweist.

Urlaub im Süden ähnelt dem Reality-TV. Oder umgekehrt. Auch in Realityshows ist eine Gruppe von Menschen versammelt, die sich sonst nie begegnet wären. Und sie begegnen sich an einem Ort, der nicht ihr Zuhause ist und eigenen Regeln unterliegt. Der Hauptunterschied ist natürlich, dass Süden-Urlauber nicht miteinander konkurrieren und deshalb nicht gemein zueinander zu sein brauchen. Außerdem ist die Gefahr, aus dem Süden-Urlaub nach Hause geschickt zu werden, wesentlich geringer. Es ist zwar grundsätzlich möglich, aber dazu gehört schon eine ganze Menge.

Trotz dieses wesentlichen Unterschieds ist es kein Zufall, dass der Süden mehrfach als idealer Schauplatz für Realityshows gewählt wurde (*Temptation Island – Versuchung im Paradies* und *Robinson-Expedition* spielen beide in südlichen Gefilden). Ebenso wenig ist es ein Zufall, dass Ferienorte beliebte Schauplätze von Kriminalgeschichten sind. Etliche Klassiker von Agatha Christie handeln von Leuten im Urlaub oder auf Reisen. Der Grund ist natürlich, dass gewisse Dinge viel eher passieren, wenn man sich weit entfernt von seiner Heimat an einem Ort befindet, wo andere Regeln gelten. Verschärfend kommt hinzu, dass viele Touristen Teile ihrer Alltagspersönlichkeit zu Hause lassen, wenn der Urlaub beginnt.

Das lässt sich schon auf dem Flughafen Gardermoen beobachten. Norweger, die auf Charterreise gehen, fangen bereits auf dem Flughafen an, sich zu unterhalten. Der kleinste gemeinsame Nenner ist, dass sie Urlaub haben, doch mit diesem Ausgangspunkt gelingt es ihnen oft, erstaunlich viel übereinander in Erfahrung zu bringen, noch bevor das Flugzeug abhebt, und für vierzehn Tage eine Urlaubsfreundschaft zu schließen. Bei Norwegern auf einem Inlandlinienflug kommt so etwas nicht vor. Im Süden-Urlaub scheinen viele Norweger die Gelegenheit zu nutzen, einen neuen Ersteindruck zu machen oder so zu leben, wie sie es zu Hause nicht können. Sei es, weil sie sich nicht trauen, sei es, weil es ganz einfach zu blöd aussehen würde.

Nur im Süden tanzt der Bankangestellte auf dem Tisch, redet der schweigsame Einzelgänger wie ein Wasserfall in selbstgebasteltem Englisch, lebt der ewige Junggeselle vom hintersten Hof im Tal vierzehn Tage lang als knisternd schwuler Charmeur. Nur hier lässt das höfliche alte Fräulein auf dem Marktplatz laut einen fahren, und sogar die hippsten Typen tanzen und singen zur Musik von ABBA.

Dass die Menschen Seiten ausleben, die sie zu Hause nie ausleben würden, ist natürlich nicht zwingend positiv und sympathisch. Ein Freund von mir war einmal auf Süden-Urlaub und beobachtete mit steigendem Interesse einen rotgesichtigen Norweger mittleren Alters, der vom ersten bis zum letzten Tag sternhagelvoll war. Bald nachdem mein Freund nach Norwegen zurückgekehrt war, traf er diesen rotgesichtigen Mann wieder. Beim Zahnarzt. Er *war* der Zahnarzt.

Im Süden leben Norweger jedoch nicht nur Seiten ihres Wesens aus, von denen sie sonst nur träumen oder die sie im Alltag verbergen müssen, sie leben auch Seiten von sich aus, von denen sie vorher nicht die geringste Ahnung gehabt haben. Ein ehemaliger Reiseleiter hat mir von einer Veranstaltung zum norwegischen Nationalfeiertag im türkischen Alanya erzählt, bei der die Touristen des Festzugs aufgefordert wurden, sich an einem Spiel namens »Krokodilla« zu beteiligen. Wenn die Reiseleiter ein Pfeifsignal gaben, sollten sich alle auf die Straße legen und Krokodil spielen. Die Leute hielten das für eine gute Idee, und niemand stellte eine Frage. Hätte das Ganze nicht im Süden stattgefunden, hätte ganz sicher jemand gefragt: Warum sollen wir uns auf die Straße legen und Krokodil spielen? Der Festzug bewegte sich vorwärts, die Reiseleiter bliesen in ihre Pfeifen, und alle Gäste legten sich auf die Straße und vollführten ihre Krokodilimitationen, so gut sie konnten. Während die Reiseführer danebenstanden und sich wahrscheinlich über sie lustig machten.

Es wundert einen nicht, dass einsame, frustrierte, verschlossene, eingeschneite, wetterkranke Norweger sich nach Urlaub sehnen und der Möglichkeit, all dem zu entkommen. Allerdings kann ich mir kaum vorstellen, dass Norweger im Winterhalbjahr zu Hause sitzen, in Katalogen blättern, finster in den Regen hinausschauen und denken: Wenn ich Urlaub habe, lege ich mich auf eine türkische Straße und tue so, als wäre ich ein Krokodil.

Der Süden hat auch seine eigene Sprache. Die Sprache einer vergangenen Zeit. Die Süden-Kataloge sind voll von solchen Wörtern, die die wenigsten von uns in der Alltagssprache benutzen. Städte sind »pittoresk« oder »genuin«. Und wenn es um diese wahnwitzigen Partyhochburgen geht, in denen du nicht mal vier Meter die Hauptstraße entlanggehen kannst, ohne dass dir jemand Alkohol vor die Nase hält und dich in einen Club nötigt, heißt es in den Katalogen: »Genau das Richtige für alle, die es prickelnd und ausgelassen mögen!« Das klingt wie der Slogan auf einem schlecht kopierten DIN-A4-Plakat, der für die Party im Jugendheim oder die alkoholfreie Jugenddisco des Sportvereins wirbt. Nur selten hört man junge Leute heutzutage sagen: »Ich geh mal an einen Ort für alle, die es prickelnd und ausgelassen mögen.« Das hört man ungefähr genauso häufig wie den Satz: »Ich geh heute aus, um ein paar andere Teenager zu treffen und moderne angloamerikanische Populärmusik zu hören und Brause zu trinken.«

Im Reisekatalog wirken die größten Partystädte im Süden wie triste Jugendzentren, wo jeansbekleidete pickelige Teenager mit halblangen Haaren in Lokalen mit hässlichen Gardinen grüppchenweise zusammenstehen und Limo trinken, während die anderen im Nebenraum Billard und Tischtennis spielen. Das Schlimmste, was passieren könnte, wäre, dass einer der coolsten Jungs den schon reichlich ramponierten Flipperautomaten mit Fußtritten traktiert. Auch wenn wir in unseren zynischen kleinen Hirnen wissen, dass in Lokalen wie diesen die Chancen nicht schlecht stehen, statt Würstchen und Limo Bier und Kurze serviert zu bekommen.

Aber im Süden heißt es nicht Bier und Kurze. Es heißt prickelnd und ausgelassen. Ein abgeschirmter, unschuldiger Ort, der der Entspannung dient. Wie der brasilianische Urlaubsort Pipa, der in einem Katalog von Star Tours wie folgt beschrieben wird:

»Pipa ist die moderne Antwort auf Bullerbü. Du sollst
andere nicht quälen, du sollst nett und freundlich sein und
ansonsten einfach nur entspannen – wie, das entscheidest
du allein. Die Atmosphäre lädt zum totalen Abschalten ein:
bunte Hütten aus Stein und Bambus, kreideweiße Strände
und eine Hauptstraße. Stress ist verboten, man nimmt
alles, wie es kommt – wenn es denn überhaupt kommt.«

Ein früherer Reiseleiter hat mir erzählt, wie er einmal feststell-
te, dass ihm zwei Touristen fehlten, die mit dem Bus vom Flughafen hätten ankommen sollen. Er suchte. Er wartete. Schließlich fand er die beiden auf einer Bank gleich neben dem
Gepäckband. Sie saßen eine Stunde nach der Landung noch
ganz ruhig da und warteten darauf, abgeholt zu werden. Sie waren weder verärgert noch verängstigt. Ihr Sohn hatte ihnen nämlich vor ihrer Abreise erzählt, dass sich im Süden immer jemand
um einen kümmert.

Und damit hatte er recht. Der Süden ist ein problemfreier
Raum, wo nichts Unangenehmes vorkommen soll. Natürlich
kommen im Süden trotzdem unangenehme Dinge vor, doch
glücklicherweise ist der Süden ein sehr übersichtliches Gemeinwesen, wo man immer weiß, an wen man sich wenden kann,
wenn es Probleme gibt. Im Süden ist immer jemand für dich verantwortlich. Deshalb kannst du dich beim Hotelbesitzer beschweren, wenn zu wenig Sonne auf dem Balkon ist, wenn du
dich an einer Muschel am Strand geschnitten hast oder wenn
die Dusche nicht genug Druck hat. Bei den Leuten, die im Süden Beschwerden entgegennehmen, und bei denen, die zu Hause Klagen von Chartertouristen bearbeiten, treffen viele Beschwerden ein, die verraten, in welchem Ausmaß die Leute
erwarten, dass der Süden eine ideale, problemfreie Welt sein
soll. Selbstverständlich haben viele einen guten Grund, sich zu

beschweren, weil sie nicht bekommen haben, was sie bestellt haben, aber es gibt auch Menschen, die sich beschweren, weil sie sich auf dem Hotelgelände den Fuß verstaucht haben oder weil sie im hoteleigenen Supermarkt nicht ihren Lieblingskaffee finden konnten. Eine eher exotische Klage kam von einem Mann, der einen Aufpreis für ein Zimmer mit Balkon bezahlt hatte und nach dem Urlaub das Geld zurückverlangte, weil auf dem Balkon die ganze Zeit Sonne war.

Wenn du nicht von dir aus etwas sagst, wirst du auf jeden Fall am Ende des Urlaubs aufgefordert, dich zu äußern. Im Flughafenbus am letzten Urlaubstag sollst du den Bewertungsbogen ausfüllen. Ich weiß aus sicherer Quelle, dass solche Bewertungsbögen nicht nur gelesen, sondern auch sehr ernst genommen werden. Wenn bestimmte negative Beurteilungen sich über einen gewissen Zeitraum wiederholen, können Reiseleiter gefeuert werden, oder Hotels verlieren gewisse Reiseveranstalter als Kunden. Daran sollten wir alle denken, wenn wir uns immer mal wieder beim Ausfüllen der Bewertungsbögen einen Spaß erlauben.

* * *

An dieser Stelle erscheint es mir angebracht, die große Diskussion aufzugreifen, wo denn der Süden eigentlich liegt. Ist Brasilien der Süden? Oder bilden nur ein paar Länder Südeuropas den Süden? Die Antwort muss wohl lauten, dass der Süden überall sein kann. Süden ist Süden, egal ob es sich um Spanien, Marokko oder die Dominikanische Republik handelt. Hauptsache, es gibt dort Hotels, Essen, Sonne und Strände.

Beim Lesen von Süden-Katalogen kann man feststellen, dass die Ähnlichkeiten häufig stärker betont werden als die Unterschiede. Um welches Land mag es sich wohl im folgenden Zitat aus einem Katalog des Reiseveranstalters Apollo handeln?

»Eines unserer beliebtesten Reiseziele, zu dem viele
Urlauber Jahr für Jahr zurückkehren. Die Menschen,
das Essen, die Strände, die Ausflüge, die Shopping-
möglichkeiten – ein traumhafter Urlaub ist garantiert.«

Oder in folgendem Zitat aus demselben Katalog:

»Ein Kontinent in Miniatur mit herrlichem Klima und
einem großen Angebot an allem, was Urlaub ausmacht.«

Im ersten Zitat ging es um Thailand, im zweiten um Gran
Canaria. Aber es könnte auch umgekehrt sein. Der Süden um-
fasst immer mehr und immer entferntere Reiseziele. Doch sie
werden genauso beschrieben wie die Süden-Klassiker. In Süden-
Katalogen wimmelt es nur so von unpräzisen Formulierungen
wie: »eine faszinierende Mischung aus Alt und Neu« oder: »Es
gibt viele Gründe, warum die Menschen Jahr für Jahr hierherkommen: die Einwohner, das Essen, das Klima, die Atmosphäre,
die Kultur.« Auf Atmosphäre und Kultur hinzuweise ist ungefähr
so präzise wie zu sagen, dass du dein Lieblingsbuch magst, weil
es Wörter enthält. Von was für einer Atmosphäre ist die Rede?
Ist sie gemütlich? Hektisch? Gruselig? Und was für eine Kultur
ist gemeint? Ist sie muslimisch? Postmodern? Satanistisch?

Und was soll eine Aufzählung wie: »die Einwohner, das Essen, das Klima«? Dass ein Ort über Einwohner, Essen und Klima
verfügt, dürfte man wohl als Mindestanforderung betrachten.
Aber im Süden versteht sich der Rest von selbst. Die Einheimischen sind liebenswert, das Essen ist gut und das Klima stabil
und sonnig.

Auch die Fotos in den Katalogen ähneln sich auffallend.
Man sieht meistens ein Hotel, fast immer weiß, einen Pool mit
Liegestühlen und vielleicht ein bisschen Meer. Die Ausnahmen

sind ganzseitige Bilder mit Postkartenmotiven von jedem Reiseziel, oft ein vereinzeltes Holzboot auf einem leeren Strand oder ein Häuschen mit Meerblick. Oder ein Foto von jemandem, der lächelt. Oder es sind, wie schon erwähnt, Fischer oder hundertjährige runzelige Frauen mit Damenbart abgebildet.

Der Süden existiert unabhängig von Staatsgrenzen, Kontinenten und politischen Entwicklungen. Viele von uns kennen Menschen oder haben von welchen gehört, die im Süden Urlaub gemacht haben, ohne ganz genau zu wissen, in welchem Land sie eigentlich waren. Darüber kann man natürlich lachen, doch es fragt sich, ob nicht diese Leute das eigentliche Prinzip des Phänomens Süden erfasst haben. Auch in den Süden-Katalogen ist es unwichtig, in welchem Land das Urlaubsziel liegt. Es ist ein Unterschied, ob man nach Korfu reist oder nach Griechenland, selbst wenn Korfu zu Griechenland gehört. Wenn man nach Griechenland reist, kann es ebenso gut sein, dass man einen Städteurlaub in Athen macht (das wiederum *nicht* Süden ist). Ebenso ist es ein Unterschied, ob man nach Bali oder nach Indonesien reist, selbst wenn Bali zu Indonesien gehört. Indonesien ist ein großes muslimisches Land, das Osttimor besetzt hat. Bali ist ein Inselparadies auf der anderen Erdhalbkugel.

Das beste Beispiel dafür, dass Süden ein anderer Ort ist als die Länder, in denen der Süden liegt, ist Sri Lanka. 1972 wurde Ceylon in Sri Lanka umbenannt. In manchen Süden-Katalogen hieß die Insel bis in die Achtzigerjahre weiterhin Ceylon. Zu diesem Zeitpunkt war Sri Lanka der Name eines Landes am Rande des Bürgerkriegs. Ceylon war weiterhin der Name eines Traumziels im Süden.

Als einmal eine Maschine mit Chartertouristen nicht auf Lanzarote landen konnte, lieferte die Fluggesellschaft die Touristen kurzerhand auf Teneriffa ab. Sie kamen auf jeden Fall in den Süden.

Manchmal kann es erhellend sein, die Dinge aus der Perspektive eines Kindes zu betrachten. (Bisweilen kann es auch ziemlich verwirrend sein, wie wir alle wissen, doch das lassen wir hier mal beiseite.) Die Kinderbuchautorin Marit Nicolaysen brachte es in ihrem charmanten Buch *Sven & Schulze. Ab in die Ferien* ziemlich gut auf den Punkt, als die Mutter ihren Söhnen Sven und Magnus erklären soll, was der Süden ist:

»Wir fahren in den Süden«, sagte ich. »Hast du nicht gehört, was Mama gesagt hat?«
»Süden? Was ist denn das?«, fragte er.
»Was das ist? Du weißt nicht, was Süden ist?«, fragte ich. Er schüttelte den Kopf.
»Der Süden«, sagte ich, »das ist ein Land, wo das Wasser immer warm ist. Da wohnst du im Hotel mit Swimmingpool und Sandstrand. Und man muss mit dem Flugzeug dahin fliegen. Fliegen, Magnus. Wir fliegen mit dem Flugzeug!«
»Toll!«, rief Magnus.
»Gran Canaria«, sagte Mama. »Wir fliegen auf eine Insel bei Afrika, die Gran Canaria heißt.«
»Ja, aber du hast doch Süden gesagt«, sagte ich.
»Ja, genau, Sven. Süden, das ist einfach überall, wo man Urlaub machen kann, wo die Sonne scheint und wo es warm ist. Gran Canaria gehört dazu. Genau wie Kreta. Und Rhodos. Oder die Algarve. Das sind verschiedene Orte und Länder. Aber alles ist Süden. Denn wir fahren Richtung Süden.«

Wenn man Urlaub machen will, muss man in den Süden. Wer nach Norden reist, ist auf sportliche Höchstleistungen aus, nicht auf Urlaub, oder er hat dort oben Verwandte. Meine

Urlaubsträume haben sich im Lauf der Jahre immer weiter nach Süden verschoben. In meiner Kindheit waren wir in Südnorwegen. Da sah ich meinen ersten Surfer. Er war unglaublich schlecht und fiel mindestens zweimal pro Minute ins Wasser. Aber er gab nicht auf. Er machte die gesamten Sommerferien nichts anderes, ohne dass ich den Eindruck hatte, dass er besser geworden wäre. (Ich selbst brauchte mindestens genauso lange, um schwimmen zu lernen, aber ich habe nicht vor, mich an dieser Stelle weiter darüber auszulassen. Dies ist schließlich mein Buch.) Später fuhren wir nach Schweden und Dänemark, und dann endlich: nach Süden.

Nach meinen ersten Süden-Ferien schrieb ich einen Aufsatz darüber. Noch nie, weder davor noch danach, habe ich in so kurzer Zeit so viele hochtrabende Wörter benutzt. Als der Lehrer die Aufsätze zurückgab, gestand er mir, er habe bei der Korrektur meines Textes in einem Wörterbuch nachschlagen müssen, denn es sei nicht die Regel, dass Schüler in der Grundschule in Norwegischaufsätzen Wörter wie »Ostinato« benutzten. Ich weiß nicht mehr genau, was ich geschrieben hatte, aber ich glaube, ich habe geschildert, wie es gewesen war, »die mächtige blutrote Kugel in das ewige Meer hinabsinken zu sehen und dem leisen Ostinato der Wellen zu lauschen«.

Damals fasste ich die Worte des Lehrers als Kompliment auf. Erst später ist mir aufgegangen, dass sie wahrscheinlich spöttisch gemeint waren. Und zwar nicht ohne Grund, wenn ich ehrlich sein soll. Aber ich tröste mich damit, dass ich nicht der Einzige bin, der den festen Boden unter den Füßen verliert, wenn er den Süden schildern soll. Poetische Klischees wirken auf einmal völlig zutreffend. Wenn wir Norweger über südliche Gefilde sprechen und schreiben, greifen wir häufig zu Wendungen, die in einem Land, wo schwülstige Bildsprache verpönt ist, sonst nie benutzt werden.

Allerdings sollte an dieser Stelle festgehalten werden, dass sich nicht alle poetisch und gefühlvoll ausdrücken, wenn sie von ihren Träumen vom Süden sprechen. Viele haben durchaus irdische und konkrete Vorstellungen davon, was sie erleben wollen, wenn sie endlich nach Süden in die Sonne kommen, und sehen keinen Anlass, ihre Gedanken in quasipoetische Wendungen zu verpacken. Einer davon ist die Hauptperson in Reidar Karlsens Roman *Taxfree*, dem meines Wissens einzigen norwegischen Roman über eine Charterreise. Ronny Stegagjerde, ein Musiker aus dem norwegischen Westland, schildert vor der Abreise zu den Kanarischen Inseln seine Erwartungen so deftig, wie es nur ein Musiker aus Westnorwegen kann:

> »In den Süden, ja. Ich reise in den Süden und bleibe zwei Wochen da. Ich reise in den Süden und sündige. Denn weder Gott noch der Teufel können mich hier auf diesen ärmlichen Äckern tief im Innern eines bodenlosen grauen Fjords festhalten.
>
> Der Kaffee war fertig, und ich verdünnte ihn mit ein bisschen Schnaps. Ich spürte ein süßes Kribbeln im Rücken. Es erinnerte mich an etwas Behagliches. An Wohlbehagen und Freude und prickelnde Erwartung. Wie Dr. Livingstone sie empfunden haben muss, bevor er ins dunkelste Afrika aufbrach und nicht wusste, wie es ausgehen würde.
>
> Ich nippte an dem heißen Kaffee und sah vor meinem Inneren Bilder von nackten Sylphiden, die mit roten Mündern und schaukelnden Brüsten um mich her tanzten. Ich spürte etwas in meiner Unterhose und befreite es kurzerhand aus der Gefangenschaft. Dann saß ich da wie ein geistesabwesender Idiot und zupfte an meinem Stängel.«

Südisch – ein paar Vokabeln

Südisch ist die Sprache, die wir Norweger benutzen, wenn wir Süden-Kataloge und Reiseschilderungen schreiben und wenn wir anderen von unserem Urlaub im Süden erzählen.

Südisch wird selten oder nie in anderen Zusammenhängen als den genannten benutzt.

Hier sind ein paar gebräuchliche Wörter und Ausdrücke der südischen Sprache sowie ihre Entsprechungen in der nüchternen Alltagssprache:

bezaubernd – alt

idyllisch – alt

hier scheint die Zeit stillzustehen – alt

pittoresk – alt

genuin – alt

authentisch – alt

altmodischer Charme – alt

ein Ort, der nie aus der Mode kommt – ein alter Ort

modern – ein Ort mit vielen Hotels aus den Siebzigerjahren

gemütlich – langweilig

entspannt – langweilig

friedlich – langweilig

gemütlich, entspannt, idyllisch und bezaubernd – langweilig und alt

prickelndes Vergnügungsleben – Lärm

ein Mix aus pulsierender Großstadt und Geschichte – laut und alt

Gerade als du glaubtest, das Paradies gefunden zu haben, kam Andersen von nebenan

2 Es kann ein äußerst ungutes Gefühl sein, sich plötzlich an der Seite von Leuten wiederzufinden, an deren Seite man auf gar keinen Fall stehen wollte.

Es ist so ähnlich, wie wenn man glaubt, der Erste zu sein, der eine coole neue Band entdeckt hat, und dann ins Konzert geht und feststellen muss, dass der Saal voll von BWL-Studenten ist.

Wenn man sich für etwas interessiert, was viele interessiert, stehen die Chancen gut, dass man sein Interesse mit Leuten teilt, mit denen man bislang geglaubt hat, nichts gemein zu haben, und Leuten, mit denen man nichts gemein haben möchte.

Das muss der Grund dafür sein, dass so viele Menschen etwas gegen Pauschaltourismus haben.

Beinahe genauso alt wie der Massentourismus ist der Widerstand dagegen. Der Tourismusforscher und Soziologe Jens

Kristian Steen Jacobsen vertritt die Ansicht, dass die Kritik am oberflächlichen Massentourismus schon mit Thomas Cooks organisierten Italienreisen in der zweiten Hälfte des 19. Jahrhunderts begonnen habe.

Der Massentourismus hat dem Reisen seine Exklusivität genommen und das Abenteuer des Reisens für jedermann zugänglich gemacht. Wer heutzutage gern reist, teilt seine Interessen und Erlebnisse mit sehr vielen anderen Menschen und deshalb ganz sicher auch mit vielen, mit denen er lieber nichts zu tun haben will.

Wenn man heutzutage reist, tut man das Gleiche wie der Großteil aller anderen Menschen, selbst wenn man heute aus den unterschiedlichsten Gründen reist. Heute ist Reisen weder besonders gewagt noch besonders abenteuerlich. Alle tun es. Es braucht schon einiges, um mit Reisegeschichten noch Eindruck zu schinden.

Jeder sechste Norweger macht Urlaub im Süden. Im Sommer 2001 unternahmen 2,1 Millionen Norweger eine Ferienreise. Für ungefähr die Hälfte von ihnen war das nur eine von mehreren Urlaubsreisen pro Jahr. Von der jüngeren Generation verbringen viele ihre Ferien im Ausland, seit sie zehn Monate alt sind. Pauschalreisen sind ja auch so schön unkompliziert. Man muss nur daran denken, die Reise zu buchen und am Flughafen zu erscheinen – dann ist es kaum möglich, nicht dort anzukommen, wo man hinwill. Und es ist billig. Zwar reisen immer noch die Menschen mit gehobenem Einkommen am meisten, aber Auslandsreisen sind heute weitaus weniger exklusiv als in den Anfängen des Pauschaltourismus. Die erste norwegische Charterreise mit dem Flugzeug nach Mallorca kostete im Jahr 1959 etwa tausendzweihundert Kronen. Unter Berücksichtigung der Inflation müsste eine entsprechende Reise heute zwischen fünfzehn- und zwanzigtausend Kronen kosten. Man bekommt aber ohne Weiteres auch einen Mallorca-Urlaub für ein Viertel dieses Preises.

Der Chartertourismus hat das Reisen für uns alle einfach und ungefährlich und damit sehr beliebt gemacht. Es ist klar, dass Abenteurern dadurch viel von ihrem Spaß verdorben worden ist. Heutzutage imponiert es kaum jemandem, wenn du viele Reisen unternimmst. Egal wo du warst, andere waren auch schon da. Und sie hatten die Kinder dabei. Und die Großeltern. Vielleicht wohnen die Großeltern sogar dort. Früher konnte man andere Menschen bestimmt mit exotischen Reiseanekdoten beeindrucken. Erzählst du heute jemandem von deiner letzten Reise in das eine oder andere entlegene Paradies, erhältst du vielleicht zur Antwort: »Ja, da ist es wirklich schön. Ich war im letzten Jahr mit der Familie da. Und der Alkohol ist echt billig.«

Der Chartertourismus hat Tausende von Urlaubern in einen panischen Antitourismus getrieben. Es gibt jede Menge Touristen, die sich verbitten würden, als solche angesehen zu werden. Sie wollen auf gar keinen Fall mit Menschen in einen Topf geworfen werden, die in Gruppen verreisen, um sich zu entspannen. Wenn sie ihren Urlaub in Spanien verbracht haben, legen sie Wert darauf, zu betonen, welche Orte in Spanien sie auf keinen Fall besuchen würden, und sie nehmen für sich in Anspruch, im *echten* Spanien gewesen zu sein (im Unterschied zu allen anderen, die folglich in einer Art Disney-Spanien gewesen sein müssen). Ihnen ist es wichtig zu erzählen, dass sie viel auf eigene Faust im Mietwagen unterwegs waren, damit man bloß nicht denkt, sie hätten die Ferien damit verbracht, fett und braungebrannt an einer Poolbar mit überteuerten Cocktails zu sitzen und mit einem Typen aus einem Vorort von Oslo die norwegischen Fußballergebnisse zu diskutieren.

Am stärksten ist der Antitourismus bei der Jugend verbreitet. Niemand hat mehr gegen Pauschalreisen als junge Rucksacktouristen. Ich war selbst einer von ihnen. Und dreimal dürft ihr raten, ob ich Touristen gehasst habe. Ich habe sie für Vollidioten gehalten.

Die Reiseführer für Rucksacktouristen sehen es als eine ihrer Hauptaufgaben an, vor Orten zu warnen, die voller Touristen sind, und stattdessen andere Orte zu empfehlen. Die Folge ist natürlich, dass diese anderen Orte voller Rucksacktouristen sind, die sich über Touristen aufregen. Die Reiseführer von Lonely Planet und Rough Guide haben bei Rucksacktypen den Status einer Mischung aus Pfadfinderhandbuch und Bibel und werden jährlich in mehreren Millionen Exemplaren verkauft. Kein Wunder, dass die in diesen Führern erwähnten Orte von Touristen überlaufen sind. Sie nennen sich zwar nicht Touristen, aber klar sind sie es! In Bangkok gibt es eine Straße, in der fast alle Rucksacktouristen wohnen. Die ganze Straße ist eine einzige lange Reihe von günstigen Hostels und Esslokalen. Diese Straße ist natürlich ebenso touristisch wie die Hauptstraße der Partyhochburg Ayia Napa. Nur handelt es sich eben um einen anderen Touristentyp. Ich habe nie so viele ungepflegte zwanzigjährige Westeuropäer an einem Ort versammelt gesehen wie in dieser Straße in Bangkok. Und ich habe immerhin an der Uni studiert.

Alle, die das Buch *Der Strand* von Alex Garland gelesen oder die Verfilmung gesehen haben, wissen, wie schlimm es ausgehen kann, wenn Pauschalreisenhasser bis zum Äußersten gehen. Die Geschichte handelt von Rucksacktouristen auf der Jagd nach einem heimlichen Paradies in Thailand, die in Hass, Gewalt und Tod endet. Wären diese Jugendlichen vernünftiger gewesen und stattdessen nach Benidorm gefahren, hätten sie vielleicht nicht das gleiche Abenteuer erlebt, aber sie wären zumindest vierzehn Tage später wieder nach Hause zurückgekehrt, schlimmstenfalls mit leichteren Alkoholschäden, statt ohne Kopf in einer Lagune in Thailand zu liegen. Alle, die einmal versucht haben, ohne Kopf in einer Lagune in Thailand zu liegen, wissen, dass das äußerst unangenehm sein kann.

Nicht nur Rucksacktouristen wollen auf gar keinen Fall Touristen sein. Die leicht herablassende Haltung zum Pauschaltourismus ist weit verbreitet. Und sie ist keineswegs neu. Auch in unserem Teil der Welt entwickelte sie sich kurz nach der Entstehung des Pauschaltourismus. Mallorca, das Urziel von Pauschalreisen, erhielt in Schweden schon früh den Beinamen »Palmköping« und wurde in schwedischen Zeitungen bereits 1962 als »out« bezeichnet. Im Jahr 1960 berichtete die Zeitung *Expressen* vom unmäßigen Alkoholkonsum skandinavischer Touristen auf Mallorca. Der schwedisch-norwegischen Mallorca-Zeitung namens *Mallorca Forum* zufolge soll der Pfarrer der Catalina-Kirche in Palma in den frühen Sechzigerjahren von der Kanzel verkündet haben, der Tourismus sei eine Erfindung des Teufels und verführe »unsere jungen, unschuldigen Mädchen zur Sünde«.

Auch viele Süden-Touristen wären am liebsten keine. Schon 1967, als der Süden-Tourismus in Norwegen noch keine zehn Jahre alt war, gab es so viele sarkastische Kommentare über den Massentourismus, dass der Reiseveranstalter Saga sich genötigt sah, in seiner Katalogpräsentation des Reiseziels Mallorca darauf einzugehen:

»Mallorca – eine Insel am Meer, unter der Sonne des Südens – eine Insel und ein angebliches Paradies.
Sie haben gewisse Zweifel – das sei Ihnen unbenommen.
Wir empfehlen Ihnen: Fahren Sie selbst hin und machen

Sie sich Ihr eigenes Bild von Mallorca. Das erspart es uns, auf die altbekannten Klischees von blauem Mittelmeer und vor Hitze flirrenden Stränden zurückzugreifen.
Die Landschaft auf dieser Insel ist etwas ganz anderes als unsere schwermütigen Wälder und Berge. Mallorca wurde vom Tourismus entdeckt, und Sie glauben nun, damit sei die Natur der Insel zerstört. Wir möchten darauf antworten: Nein, sie wurde nicht zerstört, sondern genutzt und um all jene Faktoren erweitert, die für einen gelungenen Urlaub sorgen. Mallorca – ein Reiseziel, wo alle sich wohlfühlen sollten.«

Zweifellos spricht der Verfasser des Katalogs hier einen wichtigen Punkt an, nämlich den, dass ein Ort oder eine Erfahrung an Wert verliert, weil viele andere die gleichen Erfahrungen gemacht haben. Diesem Gedanken haftet etwas grundlegend Arrogantes an. Wer so argumentiert, ist nämlich auch der Meinung, dass er über ein wahreres Verständnis für einen Ort verfüge als andere. Oder dass er mehr Recht auf den Ort habe als andere.

Der frankophile Engländer Peter Mayle gab in den Achtzigerjahren einen gutbezahlten Job in der Werbebranche auf und zog in die Provence, um dort ein anderes, besseres Leben zu führen. Seitdem hat er eine Reihe von Büchern darüber geschrieben, wie es ist, als frankophiler Engländer einen gut bezahlten Job in der Werbebranche aufzugeben, um in die Provence zu ziehen und dort ein anderes, besseres Leben zu führen. Er schreibt unter anderem über die Zuwanderer in der Provence, die sich maßlos über all die neuen Zuwanderer empören, die in die Provence kommen und angeblich nicht wissen, wie man sich dort benimmt. Im Grunde ist das dieselbe Grundeinstellung wie die der Touristen, die keine anderen

Touristen an ihrem Urlaubsziel ertragen. Eine Einstellung, die in einer anderen und hässlicheren Version dazu führt, dass in etlichen Ländern Kinder und Enkel von Migranten es vollkommen logisch und unproblematisch finden, Migrationsgegner zu sein.

Wie das Beispiel aus dem Reisekatalog von 1967 zeigt, ist das Reiseunternehmen von Anfang an bereit, sich den herrschenden Meinungen über Tourismus anzupassen. Als die Firma ABC drei Jahre später ihren ersten Katalog publizierte, verwies der Geschäftsführer in seinem Vorwort darauf, dass eine Pauschalreise durchaus auch etwas für Individualisten sei:

»Unser Ziel ist es, Ihren Urlaub perfekt zu organisieren, ohne Sie zu organisieren, das heißt, wir wollen unsere Reisen so gestalten, dass sie einen individuellen Charakter behalten.«

Im Jahre 1978 wurde mit der Firma Gulliver ein alternatives Reiseunternehmen gegründet, das Touristen die Möglichkeit geben wollte, »selbstständig Urlaub zu machen und in engen Kontakt mit der Bevölkerung vor Ort zu kommen, aber auch mit den Traditionen und der Kultur des jeweiligen Landes«. Damit hatten die Anti-Süden-Touristen ihren eigenen Reiseveranstalter. Inzwischen wurde Gulliver von dem weitaus größeren Reiseunternehmen Saga aufgekauft. Die Gründer von Gulliver betreiben mittlerweile das noch kleinere Unternehmen mit dem bescheidenen Namen Lilleput-Reisen. Es wendet sich noch stärker an ein Nischenpublikum und ist vielleicht der weltweit kleinste Veranstalter von Charterreisen.

Auch das Angebot der großen Veranstalter hat sich verändert. Heute wird mit Umweltbewusstsein und gesellschaftlichem Engagement geworben. Man arbeitet mit dem World

Wildlife Fund zusammen, unterstützt die Unesco und internationale Organisationen gegen Kinderarbeit und Kindersextourismus.

Je mehr Urlaubsreisen die Menschen machen, desto mehr werden von den Reiseveranstaltern auch andere Arten von Süden-Reisen angeboten, also Süden-Reisen für Leute, die von sich behaupten, etwas gegen Süden-Reisen zu haben, wenn man so will.

Weltgewandte Touristen, die erklären, genug von spanischen und italienischen Stränden voller sonnengebräunter Nordeuropäer zu haben, können jetzt stattdessen an brasilianische und ägyptische Strände voller sonnengebräunter Nordeuropäer fahren.

Wissensdurstige Touristen, die meinen, man lerne zu wenig, wenn man vierzehn Tage am Strand verbringt, können eine Kulturkreuzfahrt machen, bei der man in einem Saal auf einem großen Schiff sitzt und anderen zuhört, die von interessanten Dingen erzählen, die sie erlebt haben. Oder sie können Themenreisen buchen, auf denen Norweger mit Ortskenntnissen Vorträge darüber halten, wie faszinierend das jeweilige Reiseziel vor langer Zeit war.

Selbstständige Touristen, die ein bisschen mehr Herausforderung brauchen, als in einen Bus gestopft und zu einem großen unpersönlichen Hotel am Strand verfrachtet zu werden, buchen lediglich den Flug und nutzen ihren ersten Urlaubstag dafür, auf eigene Faust ein großes unpersönliches Hotel am Strand zu finden.

Und Einzelgänger, die so weit entfernt wie möglich von anderen Touristen sein wollen, können unter all den Reisezielen wählen, die »abseits der ausgetretenen Pfade« liegen, ein häufig benutzter Slogan in jüngeren Süden-Katalogen. Verschiedene Reiseunternehmen bieten täglich mehrere Abflüge nach »abseits der ausgetretenen Pfade«. Gegenwärtig scheint »abseits der ausgetretenen Pfade« in Thailand und in Kuba zu liegen. Doch das wird sich ändern, wenn die Leute begreifen, wie viele der authentischen Hinterhofmusiker in Havanna Platten mit den Norwegern Jørn Hoel und Ole Paus eingespielt haben.

Selbst wenn man in einen der klassischen Süden-Orte reist, muss man es nicht mehr aus den altbekannten Gründen tun. »Es gibt hier auch reichlich Kultur«, steht in manchen Reisekatalogen für all diejenigen, die eine gute Entschuldigung für ihren Urlaub im Süden brauchen. Das Wort »aber« scheint in Süden-Katalogen und in Reiseführern derzeit besonders oft vorzukommen:

> »Ibiza ist für sein ausschweifendes Nachtleben bekannt, aber man findet hier auch friedliche Strände.«

> »Seit Jahrzehnten strömen Touristen hierher, um zu baden und Sonne zu tanken, aber es gibt auch ein anderes Benidorm.«

Man reist gern in die gleichen Orte wie früher, aber die Gründe sind ein wenig avancierter. Man reist nicht mehr auf die Kanarischen Inseln, um das Schweinefest zu besuchen, sondern um in den Bergen zu wandern. Man reist nicht mehr wegen der endlosen feinen Sandstrände nach Mallorca, sondern weil Chopin eine Zeitlang in einem Dorf auf Mallorca gewohnt hat oder weil man eines der unverfälschten kleinen Dörfer im Inselinneren besuchen möchte. (In einem dieser unverfälschten Dörfer hab ich einmal David Stewart gesehen, die eine Gehirnhälfte des Achtzigerjahreduos Eurythmics. Ich bin mir nicht sicher, ob er es wirklich war, und natürlich bin ich nicht zu ihm gegangen, um ihn zu fragen, aber er sah ihm jedenfalls sehr ähnlich. Ich erwähne das, teils um ein wenig damit anzugeben, dass ich vielleicht David Stewart gesehen habe, teils um damit anzudeuten, dass auch diese unverfälschten kleinen Dörfer im Hinterland nicht mehr gänzlich unberührt von Ausländern sind. An den Berghängen Mallorcas wimmelt es zweifellos von mehr oder weniger gefallenen Sternen des Showbusiness.)

Was den Traum vom Süden am Leben erhält, auch bei Menschen, die gern im Süden Urlaub machen, ohne als Süden-Touristen gelten zu wollen, ist die Vorstellung, dass gleich hinter dem riesigen Hotelkomplex das Andere zu finden sei, das Authentische. Im Katalog von Vingreiser 1980 schreibt die Repräsentantin des Reiseunternehmens vor Ort über die Costa del Sol:

> »Vor etwa neunzehn Jahren kam ich zum ersten Mal hierher. Seitdem sind Hotels, Restaurants und Vergnügungsstätten aller Art entstanden und haben Zehntausende neuer Touristen angelockt. Kleine Fischerdörfer sind Teil des Spanientourismus geworden. Die Atmosphäre ist internationaler geworden – durch Luxusjachten und elegante Spielcasinos, aber auch durch die »Promis«, die hier mitten unter uns gewöhnlichen Sonnenanbetern ihren Urlaub verbringen. Doch wer sich ein Fahrrad mietet, muss nicht weit fahren, um die ursprüngliche spanische Atmosphäre zu erleben, nach der ich mich zurückgesehnt habe und die mich schließlich dazu bewogen hat, mich dauerhaft hier niederzulassen.«

So kann man natürlich endlos weitermachen und nach dem Authentischen suchen. An dem Tag, an dem jemand das Unentdeckte entdeckt, ist es zwangsläufig nicht mehr unentdeckt, aber dahinter gibt es immer noch etwas Unentdecktes. Und dahinter gibt es noch mehr Unentdecktes zu entdecken und immer so weiter. Wie gesagt, wenn man lange genug so weitermacht, kann es sein, dass man ohne Kopf in einer Lagune in Thailand endet.

* * *

Es hat zweifellos etwas Komisches an sich, so zu tun, als wäre man kein Tourist. Außerdem ist es enorm anstrengend. Vor allem aber ist es nutzlos. Irgendwann wirst du nämlich auf jeden Fall entlarvt.

Ich saß einmal in einem Café in Barcelona und trank Kaffee, wie man es im Café eben tut. An den Tischen um mich herum saßen andere Leute und tranken Kaffee, genau wie ich. Überall hörte ich Katalanisch. Gerade hatte ich das Gefühl, allmählich mit den Einheimischen zu verschmelzen, als ein Mann mit Infoblättern für Touristen zum Thema Geldwechsel vorbeikam. Schnurstracks trat er an meinen Tisch, gab mir ein Infoblatt und ging weiter. Er fragte mich nicht einmal, ob ich eins haben wollte oder ob ich ein Tourist sei. Er ging zu keinem anderen Tisch, nur zu meinem. Ich hatte etwas Neutrales an, ich trug weder ein Trikot der norwegischen Nationalmannschaft noch eine Gürteltasche mit norwegischer Flagge. Ich las keine ausländische Zeitung und auch kein ausländisches Buch. Mag sein, dass ich nicht besonders spanisch aussehe, doch das galt für mehrere Leute in diesem Café. Die Leute am Nebentisch zum Beispiel sahen wesentlich skandinavischer aus als ich. Blond und blass. Ich war immerhin dunkel und blass. Aber aus irgendeinem Grund wusste der Verteiler der Infoblätter, dass sie in Barcelona lebten und dass ich Tourist war. Haben Touristen vielleicht einen speziellen Geruch? Ich weiß es nicht.

Tatsache ist, dass es vergebliche Liebesmüh ist. Du bist und bleibst ein Tourist. Außerdem gibt es viel Schlimmeres, als ein Tourist zu sein. Wer in Wörterbüchern nachschlägt, wird auf Synonyme wie »Lustreisender« stoßen oder auf meine absolute Lieblingsdefinition: »jemand, der nur zum Spaß reist«. Das hört sich ganz fantastisch an. Nächstes Mal, wenn ich an einem Ticketschalter gefragt werde, ob ich geschäftlich oder privat verreise, werde ich lächelnd antworten: »Ich bin jemand, der nur zum Spaß reist.« Aber leider passiert so etwas nur im Film.

* * *

Das Bedürfnis, sich von Teilen des touristischen Lebens im Süden zu distanzieren, ist durchaus nachvollziehbar. Immerhin gibt es im Süden Engländer und Norweger, die sich dort niedergelassen haben, ihre eigenen Kolonien bilden und sich darüber beklagen, dass die Spanier nicht kochen können. Das ist bemerkenswert, denn spanische Restaurants in Norwegen sind voll von Norwegern. Norwegische Restaurants in Spanien hingegen sind *nicht* voll von Spaniern.

Natürlich lässt sich viel Negatives über planlose Baumaßnahmen im Süden sagen.

Und selbstverständlich gibt es irritierende und unsympathische Süden-Touristen, die vierzehn Tage in ihren Hotels sitzen und über den Service meckern und dann nach Hause kommen und sich einbilden, sie wüssten etwas über das Land, in dem sie gewesen sind. Ich hörte einmal eine Diskussion im Radio über muslimische Gebetsrufe, in dem eine Hörerin betonte, dass sie im Gegensatz zu den anderen Diskussionsteilnehmern sehr wohl wisse, wovon sie spreche, schließlich habe sie »vierzehn Tage in der Türkei gewohnt«.

Natürlich ist es peinlich, Landsleuten zu begegnen, die ohne Hemmungen die Wahrheit über ein Land oder ein Volk in Sätzen zusammenfassen wie: »Die Griechen sind sehr freundlich, aber sie reden viel zu laut und fahren wie die Sau.« (Auch Antitouristen bilden sich in kurzer Zeit und ohne hinreichende Erfahrungsgrundlage dezidierte Meinungen über andere Länder. Niemand kann so schnell und souverän wie ein Antitourist ganze Städte und sogar ganze Länder als »total touristifiziert« abtun.)

Manchmal treibt es seltsame Blüten, wenn norwegische und andere Touristen ihre Denkweisen und Gewohnheiten mit auf Reisen nehmen. Wie Norweger, die mit Skirollern auf Kreta herumsausen. Oder Norweger, die auf die Idee verfallen, ihr Lieblingskellner würde sich über einen norwegischen Trachtenpullover freuen, den er tragen kann, wenn die Temperatur mal auf fünfundzwanzig Grad fällt.

Sicher ist das komisch. Aber nicht so schlimm, als dass es nicht auch ein bisschen niedlich wäre. In Norwegen hat es schließlich auch Tradition, hungernden Kindern in Afrika Handschuhe zu stricken und die ausrangierten Trainingsanzüge des Sportvereins per Lkw in vom Krieg verwüstete Länder zu schicken.

Und sicher ist der Süden ein Klischee. Doch vergisst man bei Klischees gern, dass es häufig einen guten Grund für ihre Entstehung gibt – was auch wieder ein Klischee ist. Wenn man mitten im Gedränge vor einer touristischen Sehenswürdigkeit steht, vergisst man leicht, dass all die anderen Menschen hier sind, weil es tatsächlich sehr schön ist.

Wenn man um fünf Uhr morgens *noch* ein Hotelduo hört, das sich an »Wonderful tonight« versucht, vergisst man leicht, dass es eigentlich eine wunderschöne Liebesballade ist. Der Song ist immer noch genauso schön. Er hat nur seine Exklusivität verloren. Das ist auch der Grund, warum manche Musikjournalisten die Sänger, die sie früher geliebt haben, auf einmal nicht mehr mögen, weil sie so viele Fans haben. Aus demselben Grund mögen manche Urlauber die Reiseziele, die sie früher als Paradies auf Erden bezeichnet haben, nicht mehr, wenn zu viele andere dieses Paradies ebenfalls entdeckt haben.

* * *

Die Sehnsucht nach dem Authentischen und der Wunsch, dem Massentourismus zu entkommen, haben mit dem Widerwillen gegen den Lauf der Zeit zu tun. Im Grunde handelt sich dabei um eine Romantisierung der Vergangenheit, einer Zeit, als alles anders war, einer Zeit, als – seien wir doch ehrlich – vieles schlechter war als heute.

Die Auffassung, ein Ort hätte mehr Charme gehabt, bevor all die anderen Touristen kamen, ist häufig eine Umschreibung dafür, dass man es exotischer findet, an einen Ort zu reisen, wo es den Menschen nicht so gut geht. Die Sehnsucht nach dem Authentischen ist oft die Sehnsucht nach einer Zeit, als die Läden nicht so viele Kunden hatten. Einer Zeit, als man an allen Straßenecken Beispiele für die mangelnde zahnärztliche Versorgung sehen konnte. Einer Zeit, bevor Fernando in dem winzigen Hotel einen Computer hatte. Es fühlt sich bestimmt authentischer an, in einem Hotel bei einem Mann einzuchecken, der mit der Zigarette im Mundwinkel ein riesiges Buch aufschlägt, in dem die Zimmerbestellungen nach einem irrwitzigen System notiert sind, das nur Fernando selbst durchschaut (oder auch nicht). Aber vermutlich fand Fernando die Arbeit am PC völlig in Ordnung und vor allem zeitsparender, und ihm diese Freude nicht zu gönnen, ist Fernando gegenüber nicht besonders nett.

Wenn wir auf der Suche nach dem Authentischen sind, meinen wir damit nicht unbedingt das, was für dieses Land typisch ist. Was wir suchen, ist oft etwas, das früher einmal typisch war, oder von dem wir uns wünschen, es wäre typisch. Die meisten von uns finden zum Beispiel, dass Fischer authentischer sind als Büroangestellte, obwohl es in den meisten Ländern im Süden mehr Büroangestellte als Fischer gibt. Niemand käme auf die Idee, eine Person, die in der Tourismusbranche arbeitet, als einen authentischen Einheimischen zu betrachten, selbst wenn diese Person im bedeutendsten Wirtschaftszweig des Landes tätig ist. Und ich kenne viele Leute, die eine vierzehn Tage alte familienbetriebene griechische Taverne für authentischer halten als ein vierzig Jahre altes amerikanisches Burgerrestaurant.

Die Unternehmen, die Touristenziele vermarkten, wissen natürlich um diese Sehnsucht nach dem Authentischen. Daher setzen sie in der Werbung nur selten die moderne Version der Reiseziele ein, sondern greifen auf die Version zurück, in der die Einheimischen entgegenkommend und unverdorben sind. Häufig zu deren Verdruss.

Der Soziologe Graham M. S. Dann, der tatsächlich den Titel eines »Professors für Tourismus« führt, berichtet in einem Artikel von einem amerikanischen Kamerateam, das nach Barbados kam, um eine Episode der Daily Soap *Reich und schön* zu drehen. Die nationale Marketingorganisation war hingerissen wegen des zu erwartenden Werbeeffekts, doch viele Inselbewohner protestierten dagegen, wieder einmal als Volk dargestellt zu werden, das nur darauf wartet, dass jemand auf ein Ölfass schlägt, damit sie anfangen können, sorglos in den Straßen zu tanzen. Sie wehrten sich dagegen, lächelnde Urzeitmenschen zu spielen, die jeden Tag in Baströcken herumlaufen und in baufälligen Häuschen ohne Zugang zu moderner Technik wohnen. Der örtliche Polizist in der fraglichen Episode der Soap hatte noch nicht einmal ein Telefon. Und das im Jahr 1996.

* * *

Menschen, die in Großraumbüros sitzen und Computer bedienen, sind logischerweise nicht gerade das süffigste Motiv, um ein Reiseziel zu vermarkten. Zugleich muss einem klar sein, dass die Bewohner der beliebten Urlaubsparadiese wohl kaum ein Problem damit haben, dass sich ihr Land weiterentwickelt. In der Regel interessieren sich die Touristen mehr für die alten landwirtschaftlichen Traditionen eines Landes, als es die einheimischen Bauern tun, die aus verständlichen Gründen so modern wie möglich wirtschaften wollen, statt rund um die Uhr zu schuften und sich schwere Rückenschäden zuzuziehen, bevor sie vierzig sind.

Dasselbe Phänomen kennen wir auch in Norwegen. Jedes Mal, wenn wir die Möglichkeit bekommen, uns im Fernsehen oder woanders dem Rest der Welt zu präsentieren, ärgert sich jemand darüber, dass ausschließlich Berge, Wasser, Wald und Tiere gezeigt werden. Und wenn überhaupt irgendwelche Menschen auftreten dürfen, dann stehen sie in Volkstracht auf einer Bergwiese und stoßen seltsame Laute aus, um das Vieh anzulocken.

* * *

Manche Menschen meinen es wirklich ernst mit ihrem Antitourismus. Sie bezeichnen einen Ferienort nicht als »touristifiziert«, sondern gehen noch einen Schritt weiter und behaupten, er sei schlichtweg zerstört. »Die griechischen Inseln sind zerstört«, sagen sie zum Beispiel. Nun ja, das ist schon ein bisschen übertrieben.

Am extremsten sind die Antitouristen, die dir allen Ernstes erklären, man solle Diktaturen besuchen, bevor sie demokratisiert und durch den Tourismus zerstört würden. Nach dem Motto: Man kann über brutale Militärregimes sagen, was man will, aber sie halten auf jeden Fall den Massentourismus fern. Dieser antitouristische Standpunkt ist schon ziemlich radikal. Zugleich steckt dahinter eine der touristifiziertesten Ansichten, die man sich nur vorstellen kann, indem die demokratische Entwicklung eines Landes in erster Linie als Bedrohung der eigenen touristischen Erlebnisse wahrgenommen wird.

Im Jahre 1995 erhielten diese Touristen das passende Buch. Da erschien nämlich die erste Auflage des überaus originellen Reiseführers *The world's most dangerous places*, der einem verrät, in welchem Land der Welt man die besten Chancen hat, umgebracht zu werden, und wie man sich verhalten sollte, um diesem Schicksal zu entgehen. Obwohl das Buch voller Humor ist, kann man nicht behaupten, es sei in erster Linie humoristisch gemeint. Der Ausgangspunkt ist keineswegs unsympathisch, denn es ist im Grunde eine Aufforderung, sich die Orte, die man sonst nur aus den Nachrichten kennt, selbst anzusehen, um sie besser zu verstehen. Gleichzeitig spricht aus dem Buch die extreme Sehnsucht nach einer Zeit, als das Reisen noch etwas für Raubeine war. Andere Reiseführer erklären, wo man die schönsten Strände oder die beeindruckendsten historischen Sehenswürdigkeiten findet. Dieser verrät dir, wo du die meisten Landminen findest. Andere Reiseführer haben Kapitelüberschriften wie »Getting there« (Wie man am besten hinkommt) und »Getting around« (Wie man am besten im Land herumkommt). Dieses Buch hingegen hat Überschriften wie »Getting arrested« (Wie es ist, verhaftet zu werden). Die Reiseziele sind nach ihrer

Gefährlichkeit bewertet, wobei die Länder, aus denen du mit der größten Wahrscheinlichkeit nicht lebend zurückkehrst, fünf Sterne erhalten.

Auch für das Authentische sollte es jedoch gewisse Grenzen geben.

Die meisten Antitouristen sind natürlich nicht so radikal. Wenn sie behaupten, nach dem Authentischen zu suchen, meinen sie damit eigentlich nur, dass sie gern an einen Ort reisen möchten, wo es schön ist und wo Menschen länger als nur jeweils vierzehn Tage wohnen. Leider ist jedoch ein Ort, der von seiner Schönheit leben will, darauf angewiesen, dass viele Menschen ihn besuchen, um zu sehen, wie schön er ist. Sonst müssten die Einwohner sich nach einer anderen Schwerpunktindustrie umsehen, die dann nicht unbedingt schöner ausfällt als der Tourismus. Man muss schon ein ganz besonders motivierter Antitourist sein, um bei der Buchung im Reisebüro ein Zimmer mit Aussicht auf eine Werftanlage zu verlangen.

* * *

Die meisten von uns tragen beide Seiten in sich, die des Touristen und die des Antitouristen. Die meisten Süden-Touristen wollen es authentisch, doch sie wollen dabei nicht auf Komfort verzichten. Für den durchschnittlichen Süden-Touristen mag ein Hotel ohne Strom als Idee faszinierend klingen, aber nicht in seinem Urlaub.

Süden-Touristen wollen in der Regel an einem Ort Urlaub machen, wo sie das Leben genießen, baden gehen, gut essen, sich sonnen und entspannen können. Und ab und zu wollen wir uns wenigstens einbilden, dass wir etwas erleben, was nicht alle anderen erleben. Dann stellen wir uns vor, wir würden Orte finden, von denen sonst niemand etwas weiß. Und wenn wir in einer bestimmten Ecke auf unserer Terrasse sitzen, dann sehen wir nur die Sonne, die im Meer versinkt, und nicht all die anderen, die auch dasitzen und zusehen, wie die Sonne im Meer versinkt.

Auf seiner Homepage fasst der skandinavische Reiseveranstalter Fritidsresegruppen seine Geschäftsidee wie folgt zusammen:

> »FRG bietet Urlaubserlebnisse, die die Erwartungen des Kunden übertreffen – zu Preisen, die es möglichst vielen Menschen erlauben zu verreisen.«

In diesem Satz sind die Charteridee und der Süden-Traum vereint. Der Traum von etwas, das zugleich exklusiv und billig ist. Der Traum von etwas Fantastischem, das sich jeder leisten kann. Der Süden-Traum ist der Traum vom sozialdemokratischen Luxus. Natürlich ist das einer der ganz großen Widersprüche in sich. Auf dem gleichen Niveau wie »zynischer Romantiker«. Oder »zufällig und vorsätzlich zugleich«.

* * *

Die Lektüre alter Süden-Kataloge ist aus verschiedenen Gründen unterhaltsam und lehrreich. Es ist immer interessant zu sehen, wie sich die Vermarktung von Reisen im Lauf der Zeit verändert hat. Die Art, wie man jemanden zu etwas überredet, sagt viel über einen aus. In einer Zeit, als der Süden-Tourismus noch in den Kinderschuhen steckte, setzte der Reiseveranstalter Saga Limericks ein, um Pauschalreisen in den Süden zu verkaufen. Vermutlich haben viele Männer auf Anhieb eine Süden-Reise gebucht, nachdem sie einen Werbespruch wie diesen gelesen hatten:

»So ein Mist, denkt ein Gatte aus Essen,
ich hab die Silberhochzeit vergessen.
Jetzt hilft wohl nur
eine Saga-Tour,
sonst ist die Zeit meiner Ehe bemessen ...«

* * *

Die alten Reisekataloge enthalten nicht nur witzige Lyrik, sie sind auch interessant, weil sie die Grundgedanken des Süden-Urlaubs erklären, nämlich dass du etwas Exotisches erleben kannst, ohne dich dabei finanziell zu ruinieren oder getötet zu werden. Dass der Süden zwar definitiv nicht Norwegen, aber doch so norwegisch ist, dass du dich sicher fühlen kannst. Und dass er eindeutig nicht Spanien oder Italien ist, aber doch so spanisch oder italienisch, dass du das Gefühl hast, im Ausland unterwegs zu sein.

Anfangs werden bei der Werbung für Charterreisen die Sicherheit und das heimische Element ins Zentrum gerückt. In den ersten Katalogen des Reiseveranstalters werden die Haupt-vorteile einer Reise mit Saga Tours hervorgehoben. Einer da-von ist, dass man zusammen mit anderen Norwegern verreist. Ein zweiter, dass die Reisebetreuer norwegisch sind. Weiter heißt es:

»Saga Tours steht für die norwegischen Flugreisen
in den Süden. Es ist kein Zufall, dass der Name des
Unternehmens norwegisch ist. Genauso norwegisch
sind auch die Reisen, und zwar bis ins kleinste Detail.
Alle Flüge erfolgen mit norwegisch registrierten
Flugzeugen von Braathens S.A.F.E., die den strengen
Bestimmungen der norwegischen Flugaufsicht unter-

liegen. Die Flüge starten in Oslo, und schon nach einem angenehmen Flug von wenigen Stunden sind Sie am Ziel Ihrer Reise.«

Auch bei den Schilderungen des Essens im Süden finden wir in den alten Katalogen mehrere Beispiele dafür, dass sich beim Süden-Tourismus Exotismus und Entdeckerdrang in Grenzen halten:

»Die meisten Menschen lieben gutes Essen – und im Süden isst man gut. Das Essen ist lecker zubereitet und ein bisschen würziger, als wir es gewöhnt sind, das heißt, es schmeckt ein wenig pikant. Von unseren Reiseleitern erhalten Sie Tipps zu guten Restaurants, schmackhaften Gerichten und Weinsorten. Im Hotel darf man ruhig um ein Omelett bitten, falls einem die Speisen auf der Karte nicht zusagen.«
Aus einem Reisekatalog von *Informa Solreiser* (1968)

»Hier fühlen Sie sich richtig zu Hause, sowohl in der Natur als auch beim Essen. Die Hotels und Restaurants sind ebenso gepflegt wie die Straßen. Das Wasser an der Algarve können Sie ohne Bedenken trinken.«
Aus einem Reisekatalog von *ABC Vingreiser* (1972)

Diese Zitate sind rund fünfzig Jahre alt. Aus jener Zeit stammt die Auffassung, dass Pauschaltouristen sich nicht trauen, ausländisches Essen zu probieren. Dieses Vorurteil über Pauschaltouristen ist zählebig, selbst wenn sich die Situation inzwischen weitgehend umgekehrt hat: Heute sind die Touristen enttäuscht, wenn sie an ihrem Reiseziel kein typisch einheimisches Essen bekommen.

Das wahrscheinlich früheste Beispiel für einen Hinweis auf Prominente in der Süden-Werbung finden wir in einem Reisekatalog des Unternehmens Informa von 1968. Hier werden norwegische Promis aufgezählt, die mit Informa Solreiser beispielsweise nach Mallorca oder Las Palmas gereist seien, darunter die Sängerin Wencke Myhre und der Schauspieler Lars Nordrum.

Noch immer werden Promis zur Vermarktung von Reisen eingesetzt, doch läuft das inzwischen etwas diskreter ab. Gesponserte Interviews mit Promis, die im Süden Urlaub machen, sind mittlerweile zu einem eigenen Genre innerhalb der Boulevardpresse geworden.

Überhaupt hat der Süden einen zentralen Platz in den eher volkstümlichen Teilen des norwegischen Kultur- und Unterhaltungslebens, was für Süden-Touristen, die keine sein wollen, ganz sicher keine Hilfe ist. Die Repertoires norwegischer Schlagersänger und Tanzbands wären weitaus ärmer ohne die Songs über die Einzelgänger oder Draufgänger aus dem kleinen Norwegen, die in den Süden reisen und dort die große Liebe oder den großen Rausch oder sogar beides finden. Und jede noch so schlechte Comedyshow lässt sich durch eine Nummer retten, in der ein weder besonders braungebrannter noch besonders sportlicher Finanzbeamter mit nacktem Oberkörper eine peinliche Geschichte über eine misslungene Süden-Tour zum Besten gibt.

Der Süden-Humor dreht sich hauptsächlich um Alkohol oder Sex oder um beides zusammen. Dabei geht es nicht zuletzt darum, mit dem Konsum von Alkohol und Sex zu prahlen. Dabei reicht es nicht, im Süden viel zu trinken, man sollte darüber hinaus unbedingt ein T-Shirt tragen, das verkündet: »Old Boys from Otta Drinking Tour Benidorm 1999«.

Natürlich gibt es jede Menge Leute, die sich nicht für Partys mit betrunkenen Herdentieren, krampfhaft lächelnde B- und C-Promis am Strand und halbnackte Finanzbeamte auf

Comedybühnen erwärmen können. Andererseits sind Finanzbeamte halbnackt auf einer Bühne oft weitaus besser als voll be-
kleidet bei ihrer Arbeit.

* * *

Die Alternative zur Herdenreise ist die Individualreise. Die romantische Sichtweise des Alleinreisens besagt, dass man bei
dieser Reiseform leichter mit Menschen in Kontakt kommt.

Das mag ja sein.

Es kann aber auch passieren, dass man sich noch mehr wie
ein Eindringling fühlt als sonst, wenn einem klar wird, dass man
noch immer ein Tourist ist, obwohl man die Herde verlassen
hat. Mit dem Unterschied, dass man jetzt ein Tourist an einem
Ort ist, der normalerweise vom Tourismus verschont bleibt.

Es steht also keineswegs fest, dass man mit der einheimischen Bevölkerung leichter in Kontakt kommt, wenn man allein unterwegs ist. Fest steht hingegen, dass man leichter – womöglich zu leicht – mit anderen Alleinreisenden ins Gespräch
kommt. Die meisten Alleinreisenden sind irgendwie seltsam,
mal abgesehen von einem selbst natürlich. Seltsam, schrullig, oft
ein bisschen verrückt und ziemlich undurchsichtig. Es hat schon
seinen Grund, dass sie allein reisen, um es mal so zu sagen.

Einmal, als ich allein im Urlaub war, lernte ich einen Italie-
ner kennen, der im selben Hotel wohnte wie ich. Da auch er allein reiste, war er wie viele solche Leute der Meinung, wir würden eine Art Gemeinschaft bilden. Deshalb setzte er sich beim
Frühstück immer zu mir an den Tisch. Wir führten sonderbare
Gespräche, und ich hatte den Eindruck, dass er sich ununter-
brochen in einer praktischen Übung eines Kurses für englische
Konversation befand. Stets brachte er eine Zeitung mit an den
Tisch und eröffnete das Gespräch mit einem Lächeln und einer

Bemerkung wie der folgenden, die er in einem nahezu parodistischen Oxford-Englisch vorbrachte:

»Good morning, Sir. How are you doing this morning, Sir? It sure is a beautiful morning, is it not, Sir? I was just reading in this newspaper, Sir, about the current crisis in the Belgian ministry of agriculture.«

Alles, was er sagte, folgte einem festen Muster. Er begann damit, guten Morgen zu sagen. Dann berichtete er mir, wie gut der Morgen sei und warum. Danach erzählte er, was er gerade in der Zeitung gelesen hatte. Danach konversierten wir ein wenig über das, was er in der Zeitung gelesen hatte, und über den schönen Morgen. Anschließend bedankte er sich für die angenehme Gesellschaft und verließ lächelnd das Hotel. Bestimmt, um den Lehrer des Konversationskurses zu treffen und sein morgendliches Frühstücksgespräch benoten zu lassen.

Nach den ersten zwei, drei Gesprächen war er anscheinend zu der Ansicht gelangt, dass die Anrede mit »Sir« unnötig förmlich war, denn er ging zu der jovialeren Anrede »my friend« über. Eines Morgens trat er wie gewöhnlich an meinen Tisch, legte die sorgfältig zusammengefaltete Zeitung neben sich und sagte zu mir:

»Good morning, my friend. How are you doing this morning, my friend? It sure is a fine morning, is it not, my friend? I think it is even finer than the morning we had yesterday, and that was a fine morning, too, was it not, my friend?«

Was er sagte, entsprach genau meinen Erwartungen. Doch dann tat er etwas Unerwartetes. Er blickte sich um, beugte sich näher zu mir und flüsterte:

»I was just reading in this newspaper that Michael Jackson was a pedestrian.«

»Really?«, antwortete ich, um zu zeigen, dass auch ich ein Konversationskünstler von Rang sein kann, wenn es drauf ankommt, während ich mich fragte, warum es einer großen Zeitung eine Meldung wert war, dass Michael Jackson zu Fuß ging. Allerdings war es für mich schon ein bisschen überraschend. Ich hatte nie den Eindruck gehabt, dass Michael Jackson einer der Promis sei, die auf den Straßen umherstolzieren. Bei seiner blassen Gesichtsfarbe würde man eher vermuten, dass er selten draußen war.

»Yes, my friend«, sagte mein Freund. »Apparently, according to this newspaper I was just reading this morning, my friend, Michael Jackson is fond of children, my friend.«

Worauf er hinauswollte, waren also die Gerüchte, dass Michael Jackson ein Pädophiler sei – nicht ein Fußgänger. »Really?«, sagte ich und fand, dass wir endlich ein stimulierendes Gesprächsthema zu fassen hatten. Doch da bedankte er sich lächelnd für die angenehme Gesellschaft und ging.

Das hätte ich wohl nicht erlebt, wenn ich nicht allein unterwegs gewesen wäre. Im Nachhinein ist eine hübsche Geschichte daraus geworden, aber es fragt sich, ob ich nicht ebenso viel davon gehabt hätte, wenn ich mit dem Old Boys Drinking Team aus Otta durch Benidorm gezogen wäre.

* * *

Es bleibt dabei: Wie sehr du auch versuchst, dich von den anderen Süden-Urlaubern zu distanzieren – es nützt nichts. Da ist es besser, sich zu entspannen und einfach nur zum Spaß zu reisen. Wer in der Gesellschaft vieler anderer Leute ist, kann nicht verhindern, mit Leuten in einen Topf geschmissen zu werden, mit denen man nichts gemein zu haben glaubt. So sahen sich progressive Antitouristen unverhofft auf der Seite der griechisch-orthodoxen Kirche, die in den Siebzigerjahren dieses neue Gebet empfahl:

»Herr Jesus Christus, Gottes Sohn, hab Erbarmen mit
den Städten, den Inseln und Dörfern in unserem ortho-
doxen Vaterland sowie mit den heiligen Mönchsklostern,
die unter der weltumspannenden Touristenwelle leiden.
Segne uns mit einer Lösung dieses dramatischen Problems
und beschütze unsere Brüder, die hart geprüft sind
von dem modernen Geist dieser heutigen westlichen
Eindringlinge.«

Der Traum eines Norwegers

3 Es heißt, dass die Popkultur viel über die Gegenwart aussagt, eben weil sie populär ist. Bei den heutigen Fernsehzuschauern sind Talkshows besonders beliebt, und die Hitlisten sind voll von Best-of-Platten alter Sänger. Daraus kann man schließen, dass wir Norweger heute von Dingen angetan sind, die wir schon einmal gehört haben. Vielleicht halten wir deshalb auch so gern an den alten Wahrheiten über den Süden fest.

Der Süden hat schon lange seinen festen Platz in der Popkultur. Schon 1961 war er im Grand Prix vertreten, als Nora Brockstedt mit »Sommer in Palma« das norwegische Finale gewann, ein glänzendes Beispiel für norwegische Süden-Poesie, das beim internationalen Finale in Cannes einen ehrenvollen siebten Platz erreichte:

> Wir fanden uns, ich flüsterte »chéri«.
> Deine Antwort lautete einfach »si, si«.
> Die Wellen schlagen an Land,
> Die Sonne steht in Brand.

Sommer an Palmas Strand.
Sag mon amour,
Sei mon amour.
Siehst du die Palmen beben?
Und die Meeresvögel schweben?
Alles in schöner Harmonie.

Ein Beispiel nicht nur für Süden-Romantik, sondern auch für die Sprache in Grand-Prix-Texten, als diese im internationalen Finale noch in der jeweiligen Sprache der teilnehmenden Länder gesungen werden mussten. Dabei wurden mehr oder weniger verzweifelte Versuche unternommen, so viele Euro-Wörter wie möglich in den norwegischen Texten unterzubringen.

»Sommer in Palma« zeigt, dass der Süden im Grand Prix längst angekommen war, lange bevor Süden-Reisen in Norwegen so alltäglich wurden wie Mücken. Zwar handeln nur wenige Songs von namentlich genannten Orten im Süden, doch die Vorstellung von ewigem Sommer ist schon in den frühen Jahren des Eurovision Song Contest präsent. Vier der ersten sechs Gewinner des Grand Prix hatten das Wort »Sonne« im Titel.

In dem Jahr, als Brockstedts blühende Huldigung an Palma den ersten Platz eroberte, zeigten auch andere Beiträge einen gewissen Hang zum Südländischen. Per Asplin erreichte mit »S'il vous plaît«, einer drastischen Dreiecksgeschichte in einem pittoresken kleinen Dorf in Frankreich, den dritten Platz. Auf dem vierten Platz kam Sølvi Wangs »Far Cha-Cha«, in dem die Tochter des Hauses ihrem eher steifbeinigen Vater beibringen will, nach südländischen Rhythmen zu tanzen. Als der Vater nach und nach auftaut und den Dreh herausbekommt, bricht Sølvi Wang in Jubel aus: »Nein, ich glaub es nicht. Du bist ja doch schon im Süden gewesen!«

Es ist ein Dauerbrenner, dass der Süden uns Norweger dazu bringt, ein wenig aufzutauen und nicht mehr ganz so steif zu sein. Genau darauf spielte die Ringnes-Brauerei an, als sie vierzig Jahre nach Sølvi Wang versuchte, mit dem Versprechen »Macht dich locker« Dünnbier zu verkaufen. In den Werbefilmen sind die ausgelassenen und lebensfrohen Einwohner einer Karibikinsel zu sehen, die sich auf die Begegnung mit den steifen und ernsten Norwegern vorbereiten, die sich zur allgemeinen Überraschung als durchaus südländisch erweisen, wenn sie nur erst ein Dünnbier intus haben. Ja, wer sagt's denn! Etwas Ähnliches dürfte auch der Sänger Jørn Hoel im Kopf gehabt haben, als er in Kuba, dem neuen Süden, ein Album aufnahm und zu Hause die Norweger mit dem Song »Cumbia for stive hofte« (Cumbia für steife Hüften) zum Tanzen ermutigte.

Dass der Süden Norweger dazu bringt, etwas mehr aus sich herauszugehen, hat nicht nur physiotherapeutische Konsequenzen. Die allermeisten Lieder vom Süden handeln von romantischer Liebe. Ein Klassiker der romantischen Süden-Songs stammt von Benny Borg und Kirsti Sparboe: »Solen på Kreta« (Die Sonne auf Kreta) von 1976.

Benny:
Tanzend begegnetest du mir am Strand,
Mit Mandelblüten geschmückt war dein Haar.
Es verrieten deine Spuren im Sand,
Dass es dein erster erwachsener Frühling war.

Kirsti:
Alles war damals so spannend und neu.
Es gab so vieles, was ich nicht verstand.
Zu vergessenen Klängen schattiger Ruinen
Erzähltest du alles, was uns verband.

Beide:
Die Sonne auf Kreta
War Zeugin unserer ersten Liebe.
Die Sonne auf Kreta
Teilte unser Geheimnis.
Die Sonne auf Kreta
Ließ uns beide verschmelzen
Zu einer einzigen Seele.
Wir danken dem Himmelsjuwel,
Der Sonne auf Kreta.

»Die Sonne auf Kreta« findet sich auf mehreren CDs vom Typ »Die definitiv total beliebtesten norwegischen Sommerlieder aller Zeiten«. Der Süden steht hier ganz selbstverständlich neben typisch norwegischen Sommerschilderungen von Bootsferien, Schärenurlaub, Spaß auf dem Land und Pflaumenernte am Hardangerfjord.

Der Song handelt von romantischen Gefühlen für eine andere Person. Dabei spielt der Süden die Rolle des exotischen Hintergrunds für die perfekte Liebe. Ebenso häufig handelt der romantische Süden-Song von romantischen Gefühlen für den Süden selbst, also von der Sehnsucht danach, dort hinzufahren oder von den Erinnerungen an einen früheren Aufenthalt im Süden. Olav Stedje, der größte Popstar aller Zeiten in der norwegischen Provinz Sogn og Fjordane, hat 1986 ein Song mit dem Titel »Traum eines Norwegers« herausgebracht, der eben von dieser Sehnsucht handelt.

Träum von Spanien im Mondenschein,
von wunderbaren Stränden, man nippt nur am Wein.
Das Geld fehlt, Mutti, aber warten wir's ab,
Wenn die Kälte kommt, fällt vielleicht doch noch was ab.

Olé, eines Norwegers Traum
im Winter ohne Holz oder Strom:
Dann braucht man nur die Augen zu schließen,
Um ein Leben ohne Kälte, Dunkelheit und Steuern
zu genießen.

Die letzte Zeile entspricht nicht ganz der Wahrheit. Mag sein, dass einem im Süden die Kälte und die dunklen Tage erspart bleiben, aber Steuern muss man trotzdem zahlen, auch wenn man in den Süden fährt. Möglicherweise lassen sich die Gedanken an Steuern im Süden leichter verdrängen, weil der Süden ein anderer Ort ist. Die romantischen Süden-Songs haben gewisse Ähnlichkeiten mit entsprechenden Reisekatalogen: Beide handeln von bestimmten Orten, könnten aber genauso von anderen Orten mit Stränden und hohen Temperaturen handeln. Ich bin mir sicher, dass viele romantische Texte über den Süden von Autoren geschrieben wurden, die den Ort, den sie schildern, nie mit eigenen Augen gesehen haben. Aber das ist nicht weiter schlimm. Wir wissen ja alle, wie es im Süden ist.

Ein Süden-Song, der besonders große Ähnlichkeit mit einem Katalogtext hat, ist »Palma de Mallorca« von der Tanzband Trond Erics aus Kongsvinger:

Wo scheint die Sonne von früh bis spät?
Wo kannst du tanzen, bis die Sonne aufgeht?
Du tankst Sonne und sitzt am Meer mit Wein,
In Palma de Mallorca, da will ich immer sein.
Wo spielen Kinder am salzigen Mittelmeer?
Wo nehmen Mama und Papa die gute Laune her?
Fern von Schnee und Eis spürst du die herrliche Brise
In Palma de Mallorca, dem irdischen Paradies.

Trond Erics ist nicht die einzige Tanzband, die vom Süden singt. Jede Tanzband mit Selbstachtung hat einen oder mehrere Süden-Songs im Repertoire. Und wenn Tanzbands eines haben, dann ist es Selbstachtung. Und schicke Anzüge natürlich.

Die Tanzband Ole Ivars hat mehrere Süden-Songs produziert. Einer davon heißt »Urlaubsbrief aus Lanzarote« und ist genau das. Es macht nämlich besonders viel Spaß, im Süden Urlaub zu machen und die Menschen daheim wissen zu lassen, wo man sich gerade aufhält und wie warm und herrlich es dort ist.

Das Lied »En liten bit Italia« (Ein kleines Stück Italien) hingegen behandelt ein weiteres zentrales Thema des Traums vom Süden: die Erinnerungen und die Sehnsucht danach, dorthin zurückzukehren. Auf diesen Teil des Süden-Traums spielt das Reiseunternehmen Ving an - mit seinem Slogan »Ein Erlebnis, das bleibt« und mit seinen Werbefilmen, in denen sich Norweger in ihrer heimischen Umgebung südländisch verhalten.

Drei Tage letztes Jahr,
Drei Tage, die verflogen
Wie der Wind, doch sie streuten ihren Samen,
Denn die Gedanken wandern
Zu unserem Urlaub zurück.

Auch im Song »Santorini« der Band Torry Enghs blickt der Erzähler zurück und führt sich sein ganzes Leben vor Augen, um zu dem Schluss zu kommen, dass alles in allem eine bestimmte Süden-Tour der Höhepunkt war.

Früher lebte ich in Ungewissheit,
Und verschoss mein ganzes Pulver.
Dann kam ich eines Tages zu mir selbst
Und genoss jede Minute.

Doch nie war eine Sonne so heiß,
Und nie war der Himmel so blau,
Und nie war eine Nacht so lang
Und das ganze lange Warten wert,
Und nie war es schöner,
Einfach ich zu sein,
Als letztes Jahr, da ich dich traf auf Santorini.

»Santorini« lautete auch der Titel eines Achtzigerjahre-Hits von Shatoo, einer von mehreren jungen norwegischen Bands, die nach dem internationalen Erfolg von a-ha englischsprachige Synthiepop-Platten auf den Markt brachten. Hier finden wir ein beliebtes Argument aus den Reisekatalogen wieder, nämlich dass wir in unserer stressigen Zeit mit den ständigen Forderungen nach hohem Tempo und Effektivität nichts so sehr brauchen wie den Süden:

I'm getting oh so tired,
Working every day and night.
I'm rushing 'cause my schedule's tight.
I'm feeling so wired,
Really need a holiday,
I really got to get away to
Santorini.

»Santorini« ist ein wohlklingendes Wort, das sich auch gut vertonen lässt. Ich weiß nicht, ob es noch andere Gründe dafür gibt, dass gerade diese griechische Insel gewählt wurde, allerdings handelt der Text auch eher vom Süden als Idee als vom konkreten Ort Santorini.

Der schwedische Sänger Orup, der 1992 mit »Magaluf« einen echten Süden-Schlager herausbrachte, hat sich dazu geäußert, dass er nicht unbedingt den Ort Magaluf auf Mallorca gemeint habe, sondern den Süden als Vorstellungswelt. Auf dem Cover seiner Best-of-Sammlung mit dem Titel »Flickor förr & nu« (Mädchen früher & heute) schreibt Orup über diesen Song:

> »Als ich klein war und in Huddinge wohnte, war Magaluf ein beliebtes Ziel von Charterreisen. Wir konnten es uns nie leisten, dort hinzufliegen, deshalb hatte Magaluf für mich immer einen sehr exotischen und romantischen Klang, und ich dachte dabei an bunte Drinks und Nachmittage am Pool.«

Sein romantisches Verhältnis zu Magaluf tritt im Text allerdings nicht sonderlich in Erscheinung, denn es handelt sich um einen typischen Vertreter des zweiten Haupttyps von Süden-Schlagern: den humoristischen oder tragikomischen. Auch hier steht die romantische Liebe im Mittelpunkt, jedoch in Gestalt von »romantischen Verwicklungen« oder – etwas schnöder ausgedrückt – »Untreue«. Die Geschichte in Orups »Magaluf« ist ein Standardmotiv der Popmusik über den Süden: die Geschichte von der jungen Frau, die in den Süden reist und einem Charmeur verfällt. Meistens wird die Geschichte aus der Sicht ihres verlassenen Freundes erzählt. Und meistens ist der Charmeur ein Einheimischer. Wer der Charmeur in »Magaluf« ist, bleibt ein wenig unklar. Aber es herrscht kein Zweifel, dass der Erzähler der Verlassene ist:

> Hand in Hand wollt' ich mit dir
> Durch die Wellen wandern,
> Doch du verschwandest jeden Abend
> Und kamst erst am Morgen zurück.
> Und ich möchte am liebsten nach Hause.

> Du trafst jemand anders, als ich nicht dabei war,
> Ich konnt's nicht begreifen, wollt' es nicht sehen
> In Magaluf.
> Du nahmst mir das Einzige, was ich immer haben wollte.
> Wie ich diese Stadt hasste, vergesse ich nie.
> Oh Magaluf.

Auch wenn ich mich damit ein wenig von unserem direkten kulturellen Umfeld fortbewege, möchte ich den Lesern, die sich für englischsprachigen Punkrock mit Süden-Bezug interessieren, die folgende Empfehlung nicht vorenthalten. Die englische Band Toy Dolls hat mit dem Fun-Punk-Song »I've had enough o' Magaluf« einen Partyhit produziert, der fast die gleiche Handlung aufweist wie Orups »Magaluf«, dessen Sprache jedoch etwas direkter ist:

> 'twas only yesterday that we arrived in Palma,
> Ever since then our love life has been a farce.
> Pursued and wooed by that
> Sun tanned Majorca charmer.
> NOW SHE THINKS THE SUN SHINES
> OUT HIS SPANISH ARSE.

Dieser Vertreter eines dreckigen Süden-Realismus findet sich auf einer CD aus dem Jahr 2000, die zur Feier des einundzwanzigjährigen Bestehens der Band herausgebracht wurde. Zwei Zusatzpunkte gibt es dafür, dass »I've had enough o' Magaluf« mit etwas mallorquinischem Lokalkolorit in Form eines Sketchs beginnt, in dem ein nicht mehr ganz nüchterner Engländer sich an einer Bestellung auf Spanisch versucht und der Barkeeper ihm antwortet: »Sorry, mate, we don't speak Spanish 'round 'ere. You're in bleeding Magaluf«, und für die sich anschließende Punkversion des Süden-Schlagers »Livin' La Vida Loca« von Ricky Martin.

Der beliebte norwegische Country-Troubadour Bjørn Jens erzählt in seinem Song »Mallorca« von einer Frau, die im Süden einen anderen findet, doch in seiner Version der Geschichte ist dies bei weitem nicht das Einzige, was ihm am Süden missfällt:

> Im Hotel trafen wir gleich auf meinen Nachbarn
> von daheim,
> Nach einem Flug von sechs langen Stunden am Stück.
> Der Strand war voll von Deutschen und von spanischen
> Charmeuren,
> Und als ich mich sonnen wollte, zog sich die Sonne
> zurück.
> Warum bauen sie Pools zwanzig Meter vom Meer?
> Meine Frau will frei und oben ohne sein. Kommt's von
> der Sonne her?
> Dass sie mit dem Kellner türmt, das kann ich nicht fassen.
> Das ist für mich noch ein Grund, Mallorca zu hassen.

In seiner Zeit bei der Band Gitarkameratene schrieb Lillebjørn Nilsen eine Variante dieser Geschichte, in der die Norwegerin Anna auf Gran Canaria dem Charme des Frauenhelds José erliegt, der sich als verkleideter Landsmann aus Trøndelag erweist, weil er denkt, dass er als Spanier bei Frauen besser ankommt. Dies ist so ziemlich das Albernste, was Lillebjørn Nilsen geschrieben hat, und er hat selbst dazu gesagt: »Es müssen schlechte Freunde gewesen sein, die mich zu diesem Song inspiriert haben.« Oder war es vielleicht der Süden? Der macht nämlich so etwas mit den Leuten.

Sofern die humoristischen Süden-Songs nicht von romantischen Verwicklungen handeln, drehen sie sich ums Saufen.

Oder auch Saufen und romantische Verwicklungen in Kombination. Als Beispiel für diesen Typ südischer Poplyrik zitiere ich
das Blödelduo Trøste & Bære mit dem Song »Da vi var i Spania«
(Als wir in Spanien waren):

> Ich bändelte in einer Disco am Strand
> Mit einer jungen Mutter aus Disen an.
> Arne knutschte eine prächtige Gazelle,
> Dabei klauten sie uns Pass und Bargeld im Hotel.
> Und auf dem Heimflug saßen wir auf dem WC
> Mit Kater, Kotzerei und Diarrhö.
>
> Wir tranken und machten die Nächte durch in Spanien,
> Wir rülpsten, torkelten und schwankten in Spanien,
> Wir kotzten, jodelten und sangen in Spanien,
> Wir erinnern uns an wenig außer Sodbrennen und Sangria.

Diese Beispiele für Süden-Humor sind nicht zuletzt davon
geprägt, dass sie von Männern stammen. Einer der beliebtesten
Süden-Stoffe für Bühne und Film stellt das Ganze aus einer
gänzlich anderen Perspektive dar als Orup und Bjørn Jens in
ihren oben zitierten Songs. Wenn Frauen aus dem Norden die
klassische Süden-Romantik suchen, finden und ihr erliegen,
dann könnte das auch seinen Grund haben. Im Bühnenmono-
log *Lilli Valentin* von Willy Russell liegt die Sympathie bei
der einsamen Hausfrau, für die der Traum von Griechenland
all das repräsentiert, was nicht ihr grauer Alltag und ihr
leidenschaftsloser Ehemann ist. Die Inszenierung mit Anne
Marit Jacobsen im Nationaltheater war ein riesiger Erfolg.
Wenn ich mich nicht völlig irre, hatte das Stück unmittelbar
nach dem Zweiten Weltkrieg Premiere und wurde bis vor Kurzem gespielt. Auch die englische Filmversion mit dem Titel

Shirley Valentine und Pauline Collins in der Titelrolle war sehr erfolgreich.

Norwegische Süden-Filme sind eher selten. Der norwegische Film hat sich mehr mit Leuten beschäftigt, die einsam im Norden zugrunde gehen, als mit Leuten, die herdenweise im Süden zugrunde gehen. Vielleicht ist es typisch, dass der norwegischste Süden-Film schwedisch ist. In Lasse Åbergs *Sällskaps-resan eller Finns det svenskt kaffe på grisfesten?* (Die Charterreise oder Gibt's beim Schweinefest auch schwedischen Kaffee?) spielt Jon Skolmen in fließendem Süden-Skandinavisch einen gutgelaunten norwegischen Urlauber. Der Filmregisseur Pål Bang-Hansen höchstpersönlich schrieb das Drehbuch zu *Kanarifuglen* (Der Kanarienvogel, 1973). Darin geht es um einen Familienvater und Anhänger der Arbeiterpartei, der eine Fortbildung auf den Kanarischen Inseln macht. Es zeigt sich, dass er nicht nur zu außerehelichem Sex in der Lage ist, sondern auch zu Totschlag. Und das war es auch schon im Wesentlichen.

Die norwegische Werbefilmbranche zeigt sich deutlich interessierter an Süden-Stoffen. Offenbar steht der Werbefilm der norwegischen Volkskultur näher als andere Filmgenres. Selbst wenn die Produzenten von Werbefilmen behaupten, Werbung sei innovativ, bleiben uns in erster Linie die Filme mit ausgesprochen traditionellen Geschichten im Gedächtnis. Sie greifen einige besonders erprobte humoristische Muster auf, wo der kleine Mann immer den großen besiegt, wo Hochmut vor dem Fall kommt und wo der Zuschauer immer wieder über bedächtig redende Bauern mit verschlissenen Käppis lacht.

In all diesen Beispielen repräsentiert der Süden die Außerkraftsetzung des Normalen und Alltäglichen. Das ist der Ort, wo der Steifbeinige auf einmal tanzen kann, wo der schmalbrüstige Nerd zum Frauenhelden mutiert, wo die Spießer von der Arbeiterpartei prickelnde Affären haben und wo schlummernde romantische Gefühle zum Leben erwachen – mit allen Konsequenzen.

Es kann natürlich auch unschöne Folgen haben, wenn man aus seinem normalen Alltag ausbricht. Dass Norweger im Süden zu umgänglicheren Menschen werden, wird in der Regel als sympathisch empfunden. Doch es kann auch zum Problem werden, wenn man eher sozial gehemmt ist. Deshalb geht es selten gut, wenn der Süden in die norwegische Literatur Einzug hält.

Sowohl Ingvar Ambjörnsen als auch Klaus Hagerup schicken ihre Antihelden auf Süden-Urlaub, mit mehr oder weniger katastrophalen Folgen. Letztlich bekommen beide eine Überdosis vom sozialen und ausgelassenen Süden-Leben.

In *Ententanz*, Ambjörnsens zweitem Buch über den in Norwegen überaus beliebten Elling, befindet sich der Protagonist in der Psychiatrie und fällt an Heiligabend in Ohnmacht, als er den »Ententanz« hört. Der erinnert ihn nämlich an die Benidorm-Reise mit seiner Mutter, die damit endete, dass Elling schon am zweiten Abend während des »Ententanzes« mit einem Brett auf eine Reisegruppe losging. Dies ist eines der wenigen Beispiele dafür, dass Menschen vom »Ententanz« tatsächlich verrückt geworden sind. Es gibt nämlich jede Menge Leute, die *behaupten*, dieses Stück würde sie in den Irrsinn treiben.

Klaus Hagerup hat drei Bücher über seinen Antihelden Magnus Wormdal geschrieben. In *Maratonherren* reist Wormdal nach Gran Canaria – mit dem einzigen Vorsatz, für den Oslo-Marathon zu trainieren. Er landet auf einem Schweinefest, wo er viel zu viel trinkt, das Publikum mit Sombrerokünsten unterhält, den Reisebetreuer beschuldigt, als Schiedsrichter beim Tanzwettbewerb geschummelt zu haben, und es fertigbringt, sich ein lebenslanges Schweinefestverbot einzuhandeln.

Auch in diesen Beispielen ist der Süden das Gegenteil von Alltag, wobei hier der Alltag vorzuziehen wäre, zumindest was die Hauptpersonen betrifft.

In dem schon genannten norwegischen Pauschalreiseroman *Taxfree* erlebt der westnorwegische Musiker Ronny Stegagjerde eine starke Überdosis von Sozialleben und Alkohol, ohne dies jedoch als Problem zu sehen.

Ganz im Gegenteil.

Der Süden – ein Land mit Benimm

4 Meine erste Süden-Reise führte mich auf eine spanische Urlaubsinsel. Ich möchte betonen, dass es ein anständiger Familienurlaub mit meinen Eltern war. Es war keiner der Orte, wo man nur betrunkene, sexbesessene skandinavische Teenager trifft. Nein, es war einer der Orte, wo man nur betrunkene Deutsche mittleren Alters trifft.

Deutsche überall. Abends im Hotel hüpften etwas zu dicke und absurd gebräunte deutsche Männer unter einer gigantischen Discokugel in Röcken und Perücken herum und führten Sketche auf, mit eindeutig zu vielen Bananen und Ballons als Requisiten.

Wenn ich darauf zurückblicke, wundert es mich, dass mein Weltbild nach dieser ersten Reise außerhalb Skandinaviens nicht komplett verzerrt war. Wäre ich nicht ein so grenzenlos aufgewecktes Kind gewesen, hätte ich bestimmt bis weit in meine Zwanziger geglaubt, dass die offizielle Sprache in Spanien Deutsch sei und dass alle als Dragqueens herumliefen.

Solche Orte gibt es nur im Süden. Orte, wo alle ungefähr gleich alt sind, ungefähr die gleichen Interessen haben und aus einem anderen Land kommen als dem, wo sie gerade sind.

Im Süden hat man endlich die Gelegenheit, das zu tun, was die meisten von uns gern mal tun würden: Menschen, die dir auf den Geist gehen, einfach auszusortieren.

Im Süden soll einem nämlich nichts auf den Geist gehen. Im Süden soll man sich entspannen und es sich gut gehen lassen. Deshalb gibt es Hotels und Ferienanlagen für Leute, die im Urlaub Ruhe und Frieden suchen und nicht von schreienden Kindern im Nachbarzimmer behelligt werden wollen. Es gibt natürlich auch Hotels und Ferienclubs für Familien mit Kindern, wo sie sicher sein können, nicht von Leuten behelligt zu werden, die keine schreienden Kinder im Nebenzimmer mögen.

Es gibt Hotels nur für Rentner, die keine lärmenden Jugendlichen neben sich haben wollen. Und für lärmende Jugendliche, die keine Rentner neben sich wollen. Die Namen von Jugendangeboten im Süden sind ein weiterer Beweis dafür, dass der Süden ein anderer Ort aus einer anderen Zeit und mit einer eigenen Sprache ist. Solche Angebote heißen gern »Max«, »Sun & Fun« oder – mein persönlicher Favorit – »Beach & Boogie«. Nur im Süden kommt jemand im 21. Jahrhundert auf die Idee, »boogie« für ein spezifisch jugendliches Wort zu halten. Wenn »Twist« oder »Rumba« sich auf Sonne, Strand oder Meer reimen würden, wären diese Wörter im Süden sicher auch noch in Gebrauch. »Hier ist Rummel & Rumba die ganze Nacht« – klingt das nicht total cool? Die Ausnahme von der Regel ist der legendäre »Club 33«, dessen Name vor allem verrät, bis zu welchem Alter man sich noch total unverantwortlich aufführen kann.

Solche speziell zugeschnittenen Süden-Angebote bringen es mit sich, dass man überall im Süden auf sonderbare Gemeinwesen stoßen kann, wo alle neunzehn Jahre alt und aus den

Niederlanden sind. Oder Orte, wo sich nur englische Kleinfamilien mit Sonnenbrand aufhalten. Oder wo ausschließlich
skandinavische Rentner Urlaub machen. Oder Hotels auf spanischen Urlaubsinseln, wo alle Gäste aus Deutschland kommen
und absurd braungebrannt und ziemlich dick sind.

Seit die Reiseveranstalter eigene Hotelkomplexe bauen, ist
der Süden noch mehr zu einem Ort der anderen Art geworden.
Denn die Ziele vieler Süden-Reisen liegen streng genommen in gar
keinem Land. Es sind Orte, die es einem ermöglichen, vierzehn
Tage beispielsweise in Portugal zu sein, ohne überhaupt in Portugal zu sein. Weil man das Hotelgelände nicht verlassen muss, wenn
man es nicht unbedingt will. Man hat dort alles, was man braucht:
ein Apartment, ein Meer oder einen Pool zum Baden, Restaurants,
Babysitter, Unterhaltung. Wenn man die Kinder für eine Weile los-
werden will, bringt man sie in den Delfinclub oder den Teddyclub
oder ins Super Kids oder zum MiniClub oder Blue Buster oder in
den Club 13 – je nachdem, wie alt die Kinder sind. Und wie brav.
Und wie super. Und welchen Tieren sie am meisten ähneln.

Die Süden-Hotels, von denen hier die Rede ist, sind genau
genommen eher Städte als Hotels. Man könnte sein ganzes Leben hier verbringen. Im Katalog von Star Tour wird das Ferien-
dorfangebot folgendermaßen präsentiert:

»Können Sie sich vorstellen, so komfortabel zu wohnen,
dass Sie nur Ihre Badesandalen anziehen müssen, um von
Restaurants, Läden und sportlichen Aktivitäten zum
Nickerchen unter dem Sonnenschirm am Meer zu gelangen?
Unsere Feriendörfer heißen Blue Village. Hier ist all das
vereint, was einen gelungenen Urlaub ausmacht. Alle Wege
sind kurz: zum Strand, zum großen Pool, zum Kinderbecken,
zu sportlichen Aktivitäten, zu Bars, zur Informations- und
Internetecke und zur Abendunterhaltung.«

Solche Feriendörfer liegen häufig direkt am Strand, dennoch verfügen sie über einen eigenen Pool, ein Kinderbecken und Wassersportmöglichkeiten. Dieses Überangebot in einem Hotelkomplex direkt am Strand ist Teil einer leicht absurden Entwicklung, die dadurch verstärkt wird, dass die touristisch geprägten Küstenstriche im Süden auch noch große Erlebnisbäder haben. Es gibt eine Tendenz, das Wasser an Land zu holen und die Gebäude ins Wasser hinauszubauen.

Der Clou bei diesem Typ von Feriendörfern, bei denen selbst eingefleischte Antitouristen weich werden, wenn sie Kinder bekommen, ist die Tatsache, dass sich die Bauplanung daran orientiert hat, dass alles perfekt sein soll. In einem Süden-Dorf kann man gleichzeitig am Beckenrand sitzen, zu Abend essen, sich eine Show ansehen und dabei die Kinder im Blick behalten. Dabei ist es weitgehend nebensächlich, in welchem Land solche Feriendörfer liegen. Mancherorts sind solche Anlagen sogar eingezäunt, und Menschen, die nicht hier arbeiten oder wohnen, haben keinen Zugang. Es gibt tatsächlich Orte, wo in den Ferienanlagen für ausländische Touristen nicht einmal dasselbe Gesetz gilt wie im restlichen Teil des Landes. In Katar und in den Vereinigten Arabischen Emiraten gibt es Anlagen, in denen an Touristen Alkohol ausgeschenkt wird, nicht aber an Einheimische. Sicher gibt es viele Norweger, die darüber schmunzeln oder auch die Nase rümpfen, dabei ist es noch gar nicht so lange her, dass es ähnliche Regeln in Norwegen gab. Wer in den Siebzigerjahren aus irgendeinem Grund nach Ørsta fahren musste, weiß davon zu erzählen, dass durch den Tanzsaal des Viking Fjordhotell ein Seil verlief. Auf der einen Seite des Seils wurde den Hotelgästen Alkohol serviert, den Einheimischen war der Zutritt verboten. Der Bereich auf der anderen Seite des Seils war alkoholfrei und für jedermann zugänglich. Zum Trost und zur Beruhigung kann ich versichern, dass es sich hierbei, soweit ich herausgefunden habe, um eine von äußerst wenigen Ähnlichkeiten zwischen Katar und Ørsta handelt. Aber wir erkennen daran, dass Touristen in vielerlei Hinsicht eine Klasse für sich sind und eine Sonderbehandlung erfahren.

Mit dem Süden haben die Touristen sogar ihr eigenes Land bekommen.

* * *

Damit dieses Land funktioniert, hat der Süden seine eigenen Berufe. Der Süden-Beruf, von dem wir als gewöhnliche Touristen am meisten mitbekommen, ist die Reiseleiterin. Oder Reisebegleiterin. Oder Reisebetreuerin. Meistens sind es nette Vierundzwanzigjährige in Uniform.

Die Reisebetreuerin ist die erste Person, die wir am Flughafen sehen. Sie lotst die Touristen in die Busse und heißt uns willkommen an der Costa del Süden und erzählt uns, dass der Fahrer heute Mario heißt, dass wir rechts einen Olivenbaum und vor uns die sechstgrößte Fabrik der Insel sehen.

So soll eine Süden-Reise anfangen. Allerdings gibt es heutzutage nicht mehr in allen Flughafenbussen Reisebetreuerinnen. Ich habe mir sagen lassen, dass die Fahrgäste an Bord dieser führerlosen Busse ein wenig verängstigt sind. Bekanntlich hört zwar niemand auf das, was die Reisebetreuerin auf dem Weg zum Hotel von sich gibt. Dennoch fehlt etwas, wenn nicht die erste Person, die dir im Süden begegnet, ein Klemmbrett in der Hand hält und eine Bluse in einer auffälligen Farbe trägt.

Um mich in das Leben eines Reisebetreuers im Süden zu versetzen, habe ich mir das Buch *Guideteknikk* von Ola Åmodt besorgt. Dem Vorwort zufolge handelt es sich bei diesem Buch um eine Sammlung von Richtlinien und Tipps für Fremdenführer und Reisebetreuerinnen. Sie wurden anhand von Notizen zusammengestellt, die in Kursen für Reisebetreuer und an der Berufsschule im Fach Tourismus verwendet werden. Nach der Lektüre dieses Buchs kann ich jedem, der einmal vorhatte, Reisebetreuer im Süden zu werden, sich aber stattdessen dafür entschieden hat, Chirurg oder Architekt zu werden, nur das eine versichern:

Du bist billig davongekommen. Du bist unglaublich billig davongekommen.

Will man diesem Buch glauben, und das muss man wohl, da es an der Berufsschule eingesetzt wird, sind die Eigenschaften, über die ein Reisebetreuer verfügen muss, grenzenlos.

Das Buch beginnt mit einer Aufzählung der fünf Hauptrollen eines Reiseleiters oder einer Reisebetreuerin: Er/sie muss Führer, Lehrerin, Verkäufer, Gastgeberin und – halt dich fest – eine »Person mit Benimm« sein.

Darüber hinaus soll man als Botschafter und Diplomatin, Schauspielerin und Künstler, Unterhalter und Anwältin fungieren. Daneben hat man die Rolle eines Kameraden, einer Helferin und eines Dieners inne, sollte aber niemals der Versuchung erliegen, selbst »star of the show« zu werden. Zusätzlich bringt die ideale Reisebegleitung natürlich eine Anzahl persönlicher Eigenschaften mit: Sie oder er soll begeisterungsfähig, flexibel, humorvoll und umgänglich sein.

Ein Reisebetreuer sollte also all jene Persönlichkeitsmerkmale aufweisen, von denen die meisten nur träumen können, und über die Kenntnisse aller Berufe verfügen, die in Norwegen mindestens eine dreijährige höhere Ausbildung erfordern. Ein Kurs für Reisebetreuer dauert durchschnittlich sechs Monate, soweit ich weiß.

Doch dies ist nicht alles. Die Reisebetreuerin soll auch »Hirtenfunktion« übernehmen und »stolz sein, anderen dienen zu dürfen«.

Hier stoßen wir wieder auf die Sache mit der Sprache. Niemand heutzutage würde sich als Hirte oder Diener bezeichnen. Ich stelle mir gerade vor, wie die meisten kurz zusammenzucken würden, wenn die Reisebetreuerin sie im Bus mit den Worten willkommen heißen würde:

> »Hallo! Unser heutiger Busfahrer heißt Mario. Ich heiße Anna und werde für die nächsten vierzehn Tage Ihre Hirtin und stolze Dienerin sein. Falls jemand eine Anwältin, eine Diplomatin, eine Lehrerin oder eine enthusiastische, flexible, humorvolle und umgängliche Kameradin benötigt, werde ich als Person mit Benimm alles in meiner Macht Stehende für Sie tun.«

Selbstverständlich würde keine Reisebetreuerin so etwas sagen. Inzwischen weiß ich einiges darüber, was Reisebetreuer sagen. In *Guideteknikk* erfährt man nicht nur, was Reisebetreuer sagen, sondern auch, wie sie es sagen sollen.

Man soll sich ordentlich hinstellen und den Körper dabei in einer entspannten Position ruhen lassen (was schwierig sein dürfte, wenn man vor einer Versammlung steht, die nur mäßig interessiert ist, und nahezu unmöglich, wenn man dazu in einem fahrenden Bus steht), man soll deutlich und mit ruhiger Stimme sprechen (das Buch hebt besonders darauf ab, dass Frauenstimmen nicht schrill und Männerstimmen nicht rau klingen klingen dürfen – während raue Frauenstimmen und schrille Männerstimmen ganz in Ordnung zu sein scheinen.) Man darf nicht zu schnell sprechen, die Zuhörer nicht mit zu viel Information ermüden und soll sich von Themen wie Politik, Sex und Religion fernhalten. Wenn man etwas über die Geschichte des Reiseziels sagen soll, ohne Sex, Politik oder Religion zu erwähnen, wird man die Zuhörer nicht mit zu viel

Information ermüden. Denn in der Regel bleibt nicht viel übrig, wenn man bei der Geschichte eines Landes Sex, Religion und Politik ausspart.

Soweit ich das Buch verstanden habe, sollte die Reisebetreuerin im Bus vom Flughafen zum Hotel am besten etwas in der Art sagen:

> »Hallo und willkommen an der sonnigen und schönen
> Costa del Süden mit ihren zwanzigtausend Einwohnern,
> ihrer schönen Natur und ihrer reichen Handwerkstradition.
> Die Busfahrt zum Hotel dauert circa zwanzig Minuten.«

Was sie nicht sagen sollte:

> »Hey, willkommen im Vögelparadies. Nachdem erst die
> Faschistenschweine und dann die Latinochristen aufgegeben haben, ist über diesen Ort nur eins zu sagen:
> Wer in den nächsten zwei Wochen nicht auf seine Kosten
> kommt, ist ein Loser. Skål!«

Während ich *Guideteknikk* lese, versuche ich herauszufinden, in welchem anderen Beruf man mit ähnlichen Anforderungen konfrontiert wird. Ich finde nur einen. Den des Königs. Auch die Royals sollen kontroverse Themen wie Sex, Politik und Religion meiden und sich damit begnügen, stolze, repräsentative und neutrale Anführer zu sein. Als ich *Guideteknikk* zum zweiten Mal lese und das Wort »Reisebetreuer« gegen »Mitglied des Königshauses« austausche, hören sich plötzlich fast alle Sätze im Buch so an, als hätte sie ein königlicher Hofberichterstatter geschrieben.

> »Ein Mitglied des Königshauses sollte stolz sein,
> anderen dienen zu dürfen.«

»Ein Mitglied des Königshauses muss eine Person
mit Benimm sein.«

Natürlich ist dieser Vergleich absurd. Mitglieder des Königshauses haben es natürlich viel leichter als ein Süden-Reisebetreuer. Denn man kann davon ausgehen, dass Reisebetreuer im
Süden bestenfalls auf knallharte Gleichgültigkeit stoßen, wenn
sie auf den Balkon treten und ihren Touristen zuwinken. Außerdem haben Süden-Touristen *Anspruch* auf eine Audienz. Die Reisebetreuerin *muss* zu festen Zeiten ansprechbar sein und die
Klagen der Gäste entgegennehmen. Dabei soll sie höflich sein
und zuhören. Auch das steht im Buch. Selbst wenn vor ihr eine
Schlange von Gästen steht, die ein Last-Minute-Schnäppchen
gebucht haben, wohl wissend, dass sie möglicherweise in einem
abgelegenen Hotel mit mittelmäßigem Standard landen und
sich mit jemandem das Zimmer teilen müssen, und die jetzt
kommen und sich beschweren, weil sie in einem abseits gelege-
nen Hotel mit mittlerem Standard gelandet sind und sich mit
jemandem das Zimmer teilen müssen.

Es gibt Gäste. Es gibt schwierige Gäste. Es gibt Gäste, die
Last-Minute-Schnäppchen buchen. Es gibt schwierige Gäste,
die Last-Minute-Schnäppchen buchen.

Und es gibt Gäste, die bei einer Zeitung arbeiten.

Die der letzten Kategorie sind die Schlimmsten. Wenn sie
unzufrieden sind, gehen sie nicht vor Ort zur Reisebetreuerin
und machen ihr vor dem gesamten Hotel eine Szene, so wie andere es tun würden. Sie halten die Klappe, bis sie wieder zu Hause sind, und schreiben einen Artikel darüber, damit sie dem
Reiseunternehmen vor der gesamten Nation eine Szene machen
können.

So wie der Journalist von *Aftenposten*, der 1994 eine Reise
machte und anschließend den folgenden Artikel veröffentlichte:

»Wenn du in Puerto de la Cruz auf Teneriffa Urlaub machen willst, solltest du dir vorher Brote schmieren und eine ordentliche Portion Geduld mitbringen. Zumindest, wenn du den Urlaub über Star Tour gebucht hast. Die Reise von Gardermoen bis zum Hotel dauerte über elf Stunden. ›So etwas kommt nur selten vor‹, versichern uns die Reisebetreuer. Tja, so selten, dass es in der Woche darauf schon wieder passierte – und unsere Heimreise sich um gut zwei Stunden verzögerte. Es dauerte anderthalb Stunden, bis das Gepäck ausgegeben wurde. Die meisten Passagiere blieben in der Gepäckhalle und wagten nicht, in die Empfangshalle zu gehen, um sich Erfrischungsgetränke zu kaufen. Dort standen die Reisebetreuer von Star Tour und Fritidsresor und vertrödelten die Zeit. Reisebetreuer Johan, natürlich ein Schwede, hatte schon die Begrüßungsfloskeln parat, ein paar echte Worte des Trostes: ›Das ist der erste Tag mit schönem Wetter seit Langem. Man könnte meinen, Sie hätten es aus Oslo mitgebracht. Ha, ha, aber das glaub ich eher nicht ...‹ Von einem bestellten und zugesagten Kinderbett war dem Hotel nichts bekannt. Das gleiche galt für ein Zusatzbett einer anderen Familie. Und Reisebetreuer Johan konnte nichts ausrichten, denn er wusste ja nicht, was bestellt war. Eilig verschwand er nach draußen zum Bus mit den letzten Ungeduldigen, die noch nicht in ihrem Hotel angekommen waren. Dann stellte sich heraus, dass in einigen der Apartments Möbel fehlten. Am nächsten Tag erschien eine Reisebetreuerin von Star Tour und war aufrichtig erstaunt: ›Hat man Ihnen denn nicht gesagt, dass das Hotel noch nicht ganz fertig ist?‹«

Nun trifft es sich zufällig, dass ich diesen Johan kenne und weiß, dass er zu diesem Zeitpunkt gerade mal vierzehn Tage als Reisebetreuer gearbeitet hatte. Und ich finde, dass er für seinen zugegebenermaßen mittelmäßigen Norwegerwitz unverdient heftige Schelte bekommt. Natürlich kann weder Johan noch den anderen Reisebetreuern angelastet werden, dass das Hotel nicht fertig war. Sie haben genug damit zu tun, Anwälte, Diplomaten, Hirten und Diener zu sein – wenn sie nicht auch noch Hotels bauen sollen.

Man kann sich fragen, wie die Reisebetreuer mit diesem Druck klarkommen. Mit der Erwartungshaltung, dass sie die ganze Zeit alles wissen und alles können sollen. Was Vierundzwanzigjährige eben nicht tun, selbst wenn viele von ihnen es glauben.

Nun, Reisebetreuer gehen mit dem Druck auf verschiedene Weisen um.

Unter anderem, indem sie lügen.

Ich weiß, dass dies für viele ein Schock sein muss, aber nicht nur Reisebetreuer Johan, auch einer seiner norwegischen Kollegen, nennen wir ihn »Reisebetreuer Sverre«, haben im vertraulichen Gespräch mit mir eingeräumt: Ja, es kommt vor, dass Süden-Reisebetreuer lügen. Erschütternd, aber wahr. Sie erzählten mir auch, dass sie meistens damit durchkämen, weil es ihnen immer besser gelinge, mit voller Überzeugung zu lügen. Wenn du nur dick genug mit detaillierter und gern auch exzentrischer Ortskenntnis aufträgst, kennt das, was du den Leute vormachen kannst, keine Grenzen. (Was mich daran erinnert, dass ich nachprüfen muss, ob »Mallorca« tatsächlich ein vormaurisches Wort ist und »die Insel, wo gefeiert werden soll« bedeutet.)

Wenn ein Gast sich aufspielen will und eine schwierige Frage stellt, könnte sich der folgende Dialog mit dem Reisebetreuer entspinnen:

»Entschuldigung, was für ein Baum ist das?«

»Äh ... Baum?«

»Na, Sie wissen doch, was ein Baum ist.«

»Ha ha ...«

»Was für ein Baum ist das?«

»Was für ein Baum?«

»Der Baum da.«

»Der Baum da?«

»Ja, der Baum da.«

»Ja, das ... das ... das ist ein ... Kanarischer Terrassenbaum.«

»Hä?«

»Ein Kanarischer Terrassenbaum. Etwas ganz Besonderes.«

»Es gibt aber keinen Baum, der so heißt.«

»Doch. Das da ist ein Kanarischer Terrassenbaum.«

»Hab ich noch nie gehört.«

»Den kennt auch kaum jemand. Dieser Baum ist ziemlich ungewöhnlich. Es handelt sich sogar um die älteste Terrassenbaumart der Welt. Der bekanntere Andalusische Terrassenbaum, den viele für den ältesten der Welt halten, ist im Verhältnis zu dem hier ein Baby. Der Kanarische Terrassenbaum wächst nur auf dieser Insel. Im Mittelalter wurden die Bäume zur Abdichtung dieser ganz besonderen kanarischen Häuser verwendet, die es leider nicht mehr gibt, *las fajitas bingos*, und man trieb Raubbau am Terrassenwald. Und das hier ist einer der letzten vier Bäume dieser Art auf der ganzen Welt.«

»Oh Gott.«

»Ja, nicht wahr?«

»Herzlichen Dank auch.«

»Es war mir ein Vergnügen.«

* * *

Ein Mann, nennen wir ihn »Reisebetreuer Stig«, lernte diese Kunst schnell. Schon auf seiner ersten Tour nach Rethymno unterlief ihm der Fehler zu behaupten, sie führen gerade an Bali vorbei, obwohl alle sehen konnten, dass auf dem Straßenschild

klar und deutlich »Mali« stand. Als er darauf aufmerksam gemacht wurde, behauptete Reisebetreuer Stig, Bali sei die griechische Aussprache. Damit gaben sich die Touristen zufrieden.

Aber nicht immer sind sie so leicht zufriedenzustellen. Das
gilt besonders für Touristen, die Urlaub in solchen Orten machen, die für mehr als nur Sonne und Meer bekannt sind. Auf
Kreta, stellt Stig fest, kann man vor allem außerhalb der Haupt-
saison Touristen erleben, die ihre eigenen Nachschlagewerke
mit auf die Ausflüge nehmen. In der Schulzeit war es ja eine gewisse Genugtuung, den Lehrer bei einem Fehler zu ertappen.
Aber dass erwachsene Urlauber Spaß daran haben, einen Vier-
undzwanzigjährigen zu demütigen, kann ich nicht ohne Weiteres akzeptieren. Es ist also durchaus nachvollziehbar, dass Reisebetreuer ab und zu lügen, aber sie sollten es gut machen.

Durch Gespräche mit ehemaligen Reisebetreuerinnen und
Reisebetreuern konnte ich folgende kleine Liste üblicher Reise-
betreuerlügen erstellen:

»Die Bank ist gerade umgezogen.«

Das bedeutet: Ich bin neu hier und habe nicht die geringste
Ahnung, wo die Bank liegt.

»Interessant, dass Sie das mit der Bank erwähnen. Tatsächlich wurden hier auf der Insel in vormaurischer Zeit Zweige des
Kanarischen Terrassenbaums als Zahlungsmittel benutzt.«

Das bedeutet: Ich bin neu hier und habe nicht die geringste
Ahnung, wo die Bank liegt.

»Es tut mir leid, dass ich so spät komme. Ich war noch mit einem Gast im Krankenhaus, der von einem Bus angefahren wurde.«

Das bedeutet: Ich habe verschlafen.

»Ich bedaure, dass die Höhlentour gestern abgesagt werden
musste. Unser Busfahrer Mario ist leider ernsthaft erkrankt,
und es ließ sich in der kurzen Zeit kein Ersatz finden, weil alle
anderen Busfahrer Mario im Krankenhaus besucht haben. Die

Busfahrer hier unten halten nämlich zusammen wie Pech und Schwefel. Sie kümmern sich wirklich umeinander. Davon können wir kalten Nordeuropäer eine Menge lernen.«

Das bedeutet: Ich hatte verschlafen.

* * *

Natürlich muss man nicht lügen. Eine andere Möglichkeit für Reisebetreuer in Notsituationen besteht darin, ein Lied anzustimmen.

»Entschuldigung, was ist das für ein Baum?«

»So, und jetzt singen wir erst mal ein Lied.«

Denn der Reisebetreuer kann singen. Er muss nämlich nicht nur Kamerad, Anwalt, Botschafter, Verkäufer, Anführer, Hirte und Diener sein, sondern auch Unterhaltungskünstler.

Der perfekte Süden-Reisebetreuer nimmt dich am Flughafen mit einem Lächeln und einem *guten* Norwegerwitz in Empfang, kommt bei den Ausflügen mit, informiert die Reisenden lebendig und anekdotenreich über die Geschichte und Kultur des jeweiligen Orts und legt abends an der Bar eine perfekte Michael-Jackson-Imitation hin. Reisebetreuer Sverre hat vieles in dieser Richtung gemacht. Sogar die Michael-Jackson-Moves. Er hat mir auch erzählt, dass er mal in einem ziemlich vulgären Sketch mitgewirkt hat, bei dem Ballons als Requisiten dienten. Wäre Sverre ein wenig älter, ein wenig fetter, ein wenig braungebrannter und ein wenig deutscher, hätte diese Auskunft vermutlich gereicht, um mich als weiteres »Ententanz«-Opfer in der Psychiatrie landen zu lassen.

Erfahrungen als singender Süden-Betreuer hat auch ein Mann, den wir »Reisebetreuer Sigurd« nennen wollen. Er hat mir von einigen der unterschiedlichen Aufgaben erzählt, die er im Auftrag des Reiseveranstalters Ving wahrzunehmen hatte.

Unter anderem vom After Beach, bei dem die Betreuer die Zeit zwischen Sonnenbaden und Abendessen mit leichter Unterhaltung überbrücken mussten. Mal sollten sie die Gäste mit Gitarren- und Popmusik unterhalten (was einigermaßen beliebt war), mal bereiteten sie Tsatsiki zu (was schon beliebter war), und manchmal veranstalteten sie eine Runde Bingo (was enorm beliebt war - es gab tatsächlich Gäste, die schon am Tag ihrer Ankunft fragten, wann es denn Bingo gebe). Die Informationsveranstaltung zur Begrüßung wurde mit künstlerischen Beiträgen aufgelockert. Und an manchen Orten mit Lokalkolorit. Auf Rhodos wurde ein junger Mann aus dem norwegischen Volda als Lokalkolorit eingesetzt. Johnny aus Volda war nämlich derjenige unter den Betreuern, der am griechischsten aussah, und bei den Willkommensabenden hatte er die Aufgabe, einfach nur dazustehen und griechisch auszusehen.

Und selbstverständlich wurde gesungen – Lieder wie dieses zum Beispiel:

> Wir sind die alte Gang, die heut vor Ihnen steht.
> Wir sind die Gang, die will, dass es Ihnen prima geht.
> Wir sind zusammen hier und sehen nach Ihrem Besten
> In Ausflugsbussen ebenso wie auf allen Festen.
> Wie wir uns kümmern, zeigen wir mit Taten.
> Vertrauen Sie uns, dann sind Sie gut beraten.

Oder dieses Lied:

> Hotels soll man bauen aus Freude.
> Aus Freude baut man Hotels
> Für ein paar hunderttausend oder mehr.
> Also kommen Sie her, fühlen Sie sich zu Haus,
> was wollen Sie mehr …

Das ist vielleicht nicht die Form von künstlerischem Ausdruck, für die sich Norweger normalerweise erwärmen, wenn sie ein wenig Abendunterhaltung suchen. Doch im Süden ist das anders. Im Urlaub sind wir offen für viele seltsame Dinge, für die wir das übrige Jahr nicht offen sind. So ist es immer noch. Allerdings ist der singende Mädchen-für-Alles-Betreuer wie manch anderes, was wir mit dem Süden verbinden, eine aussterbende Art. Es gibt ihn noch, doch die Entwicklung geht dahin, dass Reiseführer nur führen und Betreuer nur betreuen, während für die Unterhaltung Profis angeheuert werden. Süden-Hotels, wo fröhliche Reisebetreuer in halbtrunkenem Zustand selbstgebastelte Sketche aufführen, werden immer seltener. In den Sunwing-Hotels gibt es an mehreren Abenden in der Woche professionelle Unterhaltung: Vier sonnengebräunte und durchtrainierte Talente tanzen und singen sich durch ein einstündiges humoristisch-musikalisches Programm, das in den meisten Fällen eines der folgenden Themen variiert:

* Grand Prix - Eurovision Song Contest
* Frank Sinatra Forever
* ABBA Fever
* Afro Night – a tribute to black music
* Musical highlights
* The eighties are back
* Eighties musical highlights are back
* Frank Sinatra is back
* ABBA highlights
* Afro ABBA
* Afro ABBA musical highlights forever – a tribute to
  Frank Sinatra
* Grand Prix Fever Forever Highlights
* Abba Grand Prix Sinatra Musical Fever Highlights
* Musical ABBA Prix Forever is back

Es hat seinen Grund, dass in solchen Zusammenhängen immer wieder ABBA, Musicals und der Grand Prix auftauchen. Es fällt einem leicht, diese Musik zu mögen, es ist leicht, nach ihr zu tanzen und mitzusingen, und man kann ohne Weiteres dazu klatschen. Und es ist Musik, die die meisten schon irgendwann gehört haben, egal ob sie Norweger, Schweden, Dänen, siebzig Jahre alt oder neugeboren sind. Die Sunwing-Hotels haben natürlich jede Menge Gäste, die außerhalb ihres Urlaubs niemals freiwillig zu einem Grand-Prix-Potpourri gehen würden. Aber im Süden sind die Menschen viel mehr darauf aus, eine nette Zeit zu verbringen. Ich habe vor Kurzem einige dieser Sunwing-Shows besucht. Am Anfang des Abends kann man bei der Elterngeneration schon das eine oder andere ironische oder entschuldigende Lächeln beobachten. Doch in der Regel setzt sich entspannte Begeisterung durch. Selten ist es so einfach, relativ nüchterne Norweger zu überreden, im Takt zu klatschen, wie in einem familienfreundlichen Süden-Hotel. Vielleicht deshalb, weil sie hier auf ihre Rolle als Eltern auf Reisen reduziert sind. Deshalb können sie sich darauf konzentrieren, die Begeisterung der Kinder für die hübschen Einfälle und die großen Perücken zu teilen. Und bevor sie sichs versehen, haben sie sich mitreißen lassen und klatschen im Takt und singen »Gimme gimme gimme a man after midnight« und vergessen komplett ihr Studium in Gesellschaftswissenschaften.

Das Leben im Süden kann hart sein.

Süden-Betreuer müssen sich mit vielem abfinden. Reisebetreuer Sigurd hat mir von einer Firma erzählt, die für ihre Mitarbeiter ein Seminar auf Lanzarote veranstaltete. Die Betreuer sollten sich als Marsbewohner verkleiden und den Seminarteilnehmern grüne Drinks servieren, weil die Veranstalter es so witzig fanden, dass die Landschaft auf Lanzarote etwas außerirdisch aussieht.

Süden-Betreuer müssen etliche Situationen bewältigen, die sie unmöglich auf der Reiseleiterschule simuliert haben können. Eine ehemalige Reiseleiterin erlebte bei einem festlichen Abendessen mit Tanz in Portugal, dass einer der Gäste, ein älterer, schüchterner Herr, zu ihr kam und sagte: »Ich glaube, eine der Frauen ist tot.« Himmel und Erde wurden in Bewegung gesetzt, und man rief einen Krankenwagen. Es zeigte sich, dass die Frau keineswegs tot war. Ihr Zustand war eher auf das festliche Abendessen mit den entsprechenden Getränken zurückzuführen. Der kleine schüchterne Mann war, wie sich später herausstellte, mit der mutmaßlich Verstorbenen verheiratet.

Obwohl die meisten Touristen vermutlich gar nicht erwarten, dass der Süden-Betreuer alle Eigenschaften aufweist, die im Lehrbuch stehen, gehören Reiseleiter doch kaum zu den Berufsgruppen, die besonders gut bezahlt werden, wenig zu tun und günstige Arbeitszeiten haben.

Das Leben als Reisebetreuer kann also durchaus hart sein.

Zum Glück gibt es die Nachbetreuung.

Beispielsweise treffen sich die Reisebetreuer vom Reiseveranstalter Ving jedes Jahr in einem Lokal in Oslo, bei dem sie Erfahrungen austauschen können mit Leuten, die wissen, wovon sie reden. Wo sie sich Erleichterung verschaffen und über Ballonsketche und Marsbewohner-Episoden auslassen können, ohne nur auf leere Blicke zu stoßen. Auch andere Berufsgruppen kennen vergleichbare Nachbetreuungsangebote. Soldaten der Vereinten Nationen zum Beispiel, die genau wie Süden-Betreuer zu Hause auf wenig Verständnis stoßen, nachdem sie eine gewisse Zeit in einem Land mit Ausnahmezustand gelebt und gearbeitet haben.

Die Reisebetreuer Johan und Sverre erzählen, dass auf der Reiseleiterschule Wert darauf gelegt wurde, die Zimmer der Angestellten bikulturell zu belegen, sodass sich beispielsweise ein

Norweger und ein Schwede ein Zimmer teilen. Dies erklärt, warum viele Süden-Reiseleiter sich so schnell den spezifischen Dialekt aneignen, den es nur im Süden gibt, das Süden-Skandinavisch, das zu fünfzig Prozent aus Schwedisch, zu dreißig Prozent aus Norwegisch und anderen nordischen Sprachen und zu jeweils zehn Prozent aus Englisch und der Sprache der Einheimischen besteht. Die Reiseleiter wurden auch angehalten, bitteschön Sex untereinander zu haben, falls sie Sex haben wollten, und nicht mit den Gästen. Und möglichst nicht mit Reiseleitern von konkurrierenden Unternehmen. Die Reisebetreuer haben also in einem Land gelebt und gearbeitet, das in keinem wirklichen Land liegt und wo bikulturelle Inzucht für verantwortungsbewusstes Auftreten gehalten wird.

Die Süden-Betreuer haben außerdem an einem Ort gearbeitet, der nur dafür da ist, dass Leute dort Urlaub machen. Viele Betreuer lösen das Dilemma, indem sie tun, als seien sie selbst im Urlaub. Die Urlaubsgäste verbringen die Tage im Süden gerne mit Feiern, Entspannen, Sonnenbaden und Schlafen. Die Betreuer tun das Gleiche. Abgesehen davon, dass sie arbeiten, statt sich zu entspannen, zu sonnen und zu schlafen.

Dann kommen sie eines Tages nach Hause, ohne Zeitgefühl, müde und überarbeitet, in ein Land, wo keiner in der Lage ist, sich in sie und ihre Erfahrungen hineinzuversetzen, wo Partner, Familie und Freunde sich weder für ihre Kenntnisse über Mikrofontechnik in einem fahrenden Bus interessieren, noch etwas über Kanarische Terrassenbäume wissen wollen oder wie Kopfkissenbezug in den verschiedenen skandinavischen Sprachen heißt.

Und nicht zuletzt: Sie kommen zurück in ein Land, wo niemand Respekt vor einem jungen Menschen mit auffälliger Hemdfarbe hat. Berauscht von der Macht, die die Uniform ihnen verleiht, kehren die Reiseleiter aus dem Süden zurück. Dort unten verschafft ihnen das Hemd oder die Bluse in der Tat Macht und Vorteile. In Norwegen würde einen jeder für verrückt erklären, wenn man in einer Star-Tour-Uniform herumliefe. Und keiner gehorcht einem, wenn man die Leute auffordert, sich auf die Straße zu legen und Krokodil zu spielen. Im Süden werden einem Drinks ausgegeben, weil man die Reiseleiteruniform trägt. Die Barkeeper kennen die schwierige Arbeitssituation eines Reisebetreuers und servieren einem alkoholfreie Drinks, die wie Tequila Sunrise oder Sambuca aussehen. Und die Gäste bekommen den Mund nicht wieder zu vor Begeisterung darüber, wie viel man verträgt. Manche Ex-Reiseleiter behaupten sogar, es gäbe Süden-Touristen, die den Urlaub mit dem Vorsatz antreten, den Reiseleiter/die Reiseleiterin ins Bett zu kriegen. Diese Auskunft muss für all jene ein Schlag ins Gesicht sein, die der Meinung sind, Pauschaltouristen suchten keine Herausforderungen.

Kein Wunder, dass manche ihr Leben lang Reiseleiter bleiben. Sie steigen lediglich auf der Karriereleiter nach oben, bis sie an der Spitze des einen oder anderen Reiseveranstalters sitzen. Und sie verbringen ihr gesamtes Berufsleben im Süden.

Dies alles nehmen sie auf sich, damit wir ein Reiseziel haben, wo wir uns vierzehn Tage lang im Wasser oder in der Bar oder im Restaurant aufhalten können, ohne einen klaren Gedanken zu denken, einen Ort, an dem wir ganz ohne Schamgefühl singen können: »Gimme gimme gimme a man after midnight!«

Der große Unterschied – die Sache mit der Bräune

5 Ich habe Sonnenbaden noch nie gemocht. Ich könnte behaupten, ich würde diese dekadente, widerliche Demonstration eines mangelnden Interesses für etwas anderes als das eigene Aussehen verabscheuen, dieses krebserregende Schönheitsritual, diesen krankhaften Egoismus, diese ekelerregende Anhäufung von Menschen, denen bedauerlicherweise jegliche Form von Neugier und Forscherdrang fehlt.

Die Wahrheit ist, dass ich Sonnenbaden todlangweilig finde.

Und heiß. Und du kriegst Sand in den Mund und Steine in den Schritt, und beim Eincremen vergisst du garantiert eine Stelle am Körper. Nachdem du einen Tag bei vierzig Grad Hitze hinter dich gebracht hast, um nicht wie ein blasser Idiot auszusehen, läufst du deshalb stattdessen als blasser Idiot mit Blasen im Schritt und einem großen geröteten Flecken mitten auf dem Rücken herum.

Dafür, dass es eine nette Beschäftigung sein soll, ist Sonnenbaden schrecklich unangenehm.

Aber du hast keine Wahl. Es gibt nicht viel, was du in einem Süden-Urlaub tun musst. Es gibt vieles, was du tun kannst. Du kannst gute Restaurants ausfindig machen, du kannst historische Sehenswürdigkeiten aufsuchen, du kannst einheimische Volkstänze lernen, wenn es dich interessiert. Du kannst am Abend aufs Meer hinausblicken. Du kannst dich in ein Café setzen und einen dicken Schmöker von vorn bis hinten durchlesen. Du kannst dir ein Moped mieten und Stellen abseits der ausgefahrenen Wege finden. Es gibt vieles, was du tun kannst. Aber es gibt nur zwei Dinge, die du tun *musst*.

Du musst baden, und du musst dich sonnen. Das ist alles.

Ich weiß, dass viele Menschen Sonnenbaden nicht als Qual empfinden, aber jeder weiß, dass ein Süden-Tourist die Pflicht hat, braun zu werden. In den Süden zu reisen, ohne sich zu sonnen, ist ein Hohn gegenüber all denen, die nicht im Süden sind. Es wirkt ganz einfach undankbar.

An Stränden im Süden sieht man deshalb oft Menschen, die eine nahezu berufsmäßige Einstellung zum Sonnenbaden haben, die früh aufstehen und ihren ausgeklügelten Plan abarbeiten, der besagt, wie viele Stunden sie täglich auf dem Bauch und auf dem Rücken liegen müssen, bevor ihnen an einem der letzten Tage aufgeht, dass sie sich auch auf den Seiten bräunen müssen. Falls du im Süden jemanden auf einem Liegestuhl in einer Stellung liegen siehst, als sei er oder sie mitten in einem Kraulzug erstarrt, dann hast du wahrscheinlich einen eifrigen Sonnenbader am Ende seines vierzehntägigen Urlaubs gesehen.

Würde ich zu einem dieser besonders engagierten Sonnenbader gehen und ihm einen Besuch im Strandcafé vorschlagen, schließe ich nicht aus, dass er antworten würde: »Ich bin gerade beschäftigt. Bis zum Mittagessen habe ich noch Rückendienst.«

Du musst dich sonnen. Von anderen Reisen kannst du nach Hause kommen, und die Leute müssen dir einfach glauben, wenn du sagst, dass du einen schönen Urlaub hattest. Bei einem Süden-Urlaub ist es anders. Du kannst dir den Mund fusselig reden und von all den Festen erzählen, auf denen du warst, von den wunderbaren Menschen, die du getroffen hast, von all den historischen Monumenten, allen Büchern, die du durchgelesen hast, von all dem Wasser, über das du geblickt hast. Es hilft nichts. Das Gelingen eines Süden-Urlaubs ist messbar. Es ist sichtbar. Du kannst nicht blass aus dem Süden-Urlaub zurückkommen und behaupten, du hättest eine schöne Zeit verbracht. Genauso wenig wie du heftig weinend aus einer Filmkomödie kommen und erzählen könntest, du hättest den Film echt witzig gefunden.

Es ist schon schlimm genug, im Süden blass zu sein. Du fällst auf im Süden, wenn du dich nicht sonnst. Ganz buchstäblich, weil du nämlich eine andere Hautfarbe hast als alle anderen. Es ist schon von Weitem zu sehen, dass du nicht dazugehörst.

Es ist so, als wärst du auf einem Dorffest und würdest es ablehnen, das Eigenbräu des Wirts zu trinken, und nur schweigend auf einem Stuhl sitzen und erklären, es ginge dir absolut super. Es dürfte kaum zu vermeiden sein, dass die Leute sich fragen: »Was macht der eigentlich hier?« Und dann kriegst du vielleicht Prügel. Es kommt natürlich ein bisschen auf das Dorffest an.

Wenn du dich im Süden nicht sonnst, bist du ebenso suspekt wie ein Beamter vom Ordnungsamt, der an der Bar herumhängt, mit niemandem redet und Limo trinkt und den Anschein zu erwecken sucht, er passte hierhin. Du bist wie ein Polizist, der versucht, ein hippes Jugendmilieu zu infiltrieren, und ein wenig zu spät entdeckt, dass er nicht ordentlich recherchiert hat, was die angesagte Szenenmode ist, und deshalb als Einziger im Lokal knallgelb gekleidet ist.

Du gehörst nicht dazu. Du bist suspekt. Die Leute fragen sich: Was macht der eigentlich hier?

Wenn ich die Wahrheit sage, dass ich keine Lust habe, mich in die Sonne zu legen und zu sonnen und zu baden, sondern gern im Schatten sitze und andere Leute beobachte, die sich sonnen und baden, dann muss ich zugeben, dass sich das suspekter anhört als es ist.

Es ist besonders suspekt, wenn man als Norweger so ist wie ich.

Norweger haben nämlich ein gestörtes Verhältnis zur Sonne. Hier im Süden sind Norweger sofort zu erkennen. Siehst du auf der Straße einen Mann mit nacktem Oberkörper und Rucksack, ist der Betreffende mit ziemlicher Sicherheit Norweger. Siehst du auf der Straße einen Mann mit nacktem Oberkörper und Rucksack und Badelatschen, der einen Kinderwagen schiebt, kannst du dir noch sicherer sein, dass er Norweger ist. Willst du dir ganz sicher sein, solltest du nach einem Mann mit nacktem Oberkörper, Rucksack und Badelatschen Ausschau halten, der mit der einen Hand einen Kinderwagen schiebt und mit der anderen die neuesten Meldungen auf seinem Smartphone checkt.

Norweger im Urlaub sind vollkommen außerstande, mehr als ein Bikini-Oberteil am Oberkörper zu tragen, wenn es wärmer ist als zwanzig Grad. Wahrscheinlich, weil wir aus einem Land kommen, wo wir das Gefühl haben, man muss aus dem wenigen Sonnenschein, den wir haben, das Maximum herausholen. Wenn Norweger an einen Ort kommen, an dem ständig die Sonne scheint, benehmen wir uns wie chronische Alkoholiker, die plötzlich unbegrenzten Zugang zu Hochprozentigem haben, und zwar gratis. Nur wenig Menschen huldigen der Sonne so vorbehaltlos wie Skandinavier, und aus irgendeinem Grund gilt das insbesondere für Norweger. Norweger gehen im Bikini in den Supermarkt. Norweger gehen in der Badehose zum Lunch. Wäre die Sonne nicht zu dem Zeitpunkt in der Regel schon untergegangen, würden norwegische Süden-Touristen in Badezeug zu Abend essen.

Norwegische Sonnenanbeter sieht man in den Straßencafés kleiner südeuropäischer Küstenstädte, wenn das Thermometer sich der Vierzig-Grad-Marke nähert. Die Einheimischen und die normalen Touristen ziehen sich in klimatisierte Häuser zurück oder setzen sich zumindest in den Schatten. Aber einer bleibt garantiert an einem Tisch in der prallen Sonne sitzen. Dieser Mann hat seinen Stuhl so zurechtgerückt, dass er frontal zur Sonne sitzt. Er trägt nichts außer Shorts, die er aufgerollt hat. Er hat die Arme und Beine leicht vom Körper abgespreizt, damit die Sonne auch die abseitigsten Körperzonen erreicht. Er hat die Augen geschlossen. Er lächelt. Und er ist Norweger. Darauf kannst du wetten.

Das sind meine Landsleute. An ihnen werde ich gemessen. Und ich mag mich nicht sonnen. Kein Wunder, dass die Leute sich fragen: Was tut der eigentlich hier?

Meine Landsleute im Süden behandeln mich wie jemanden, der die Gesellschaftsordnung bedroht. Mal abgesehen von einigen Empathischeren, die davon ausgehen, dass ich so blass bin, weil ich eine lebensbedrohliche Krankheit habe.

Die Einheimischen machen sich auch über mich lustig. In einem griechischen Hotel hieß mich eine Rezeptionsdame willkommen, reichte mir den Zimmerschlüssel, betrachtete meine Beine und stellte mit einem Lächeln fest: »You are very white.«

Als sie merkte, dass ich ihre Bemerkung über die Farbe meiner Beine nicht so lustig fand wie sie, versuchte sie, Boden gut zu machen, indem sie sagte: »Perhaps this is the first day of your holiday?«

Was es selbstverständlich nicht war. Weit gefehlt.

Es führt kein Weg daran vorbei. Du musst dich einfach sonnen. Du musst ein Ziel haben, um die Höllentage mit einer Mischung aus Schweiß und Sonnencreme in den Augen und uneleganten roten Flecken auf dem Rücken durchzustehen. Ich weiß noch genau, dass ich in meinen ersten Süden-Urlauben ein klares Ziel vor Augen hatte. Das Ziel war, sehen zu können, was man schon geschafft hatte, wie weit man gekommen war. Das Ziel war:

Der Unterschied.

Der Unterschied zwischen der gebräunten Haut und der blassen Haut. Am Anfang war der Unterschied beinahe unsichtbar, doch wenn du sehr genau hinsahst, konntest du ihn erkennen. Zunächst war es noch der Unterschied zwischen roter und blasser Haut. Erst allmählich, nach Tagen der Tortur, wurde daraus eine Trennlinie zwischen Braun und Weiß. Sie zeigte an, dass es Tag um Tag vorwärtsging. Dank dieser Trennlinie war das Sonnenbaden auszuhalten. Die Trennlinie war der Gradmesser für das Gelingen des Urlaubs. Anhand der Trennlinie war zu erkennen, wie viele Tage an der Sonne du hinter dir hattest. Die Trennlinie war Tagebuch und Kalender zugleich. Die Trennlinie war alles.

Selbstverständlich sind nicht alle Trennlinien erstrebenswert. Der Unterschied zwischen weißer Haut und rötlichen Flecken am Rücken wurde bereits erwähnt. Eine andere Trennline, auf die niemand gesteigerten Wert legt, ist die am Oberarm, wo das T-Shirt endet. Eine dritte Variante, die auch nicht allzu vielen imponiert, ist der Abdruck von der etwas zu großen Sonnenbrille, die du so cool fandst, als du sie bei dem witzigen Straßenhändler gekauft hast. Wenn du nach dem Sonnen um die Augen große weiße Flecken hast, stehst du vor der Wahl: Entweder trägst du die Sonnenbrille ständig, bis die Abdrücke im Winter verschwunden sind, und musst dich darauf verlassen, dass der eine oder andere dich cool findet. Oder du lässt es, wie es ist, und läufst mit dem Aussehen eines Pandas herum.

Im Grunde zählt nur die Shorts-Trennlinie. Sie verrät, wie erfolgreich du als Süden-Tourist gewesen bist. So eine Trennlinie brachte ich von meinem ersten Süden-Urlaub mit nach Hause. Nach meiner Rückkehr trug ich eine etwas kürzere Shorts als während des Urlaubs. Damit befand sich die Trennlinie unterhalb der Hose. Ich brauchte nur noch darauf zu warten, dass es warm genug wurde, um in Shorts rauszugehen, mich irgendwo hinzusetzen und zu warten, dass jemand vorbeikam, anerkennend nickte und fragte: Im Süden gewesen?

Dann konnte ich mit der Miene eines Mannes von Welt antworten, als sei es nicht der Rede wert, als sei diese Trennlinie nichts, wofür ich mich gequält hatte: Ja, war aber nur ein kurzer Trip.

Wenn nun also feststeht, dass man sich im Urlaub sonnen muss und dass man im Nachhinein durchaus noch etwas davon haben kann, lautet die nächste Frage: Was tut man, damit die Zeit vergeht, während man in der Sonne brutzelt?

Ein gutes Buch lesen, lautet eine übliche Antwort.

Wenn das so einfach wäre.

In Bauchlage kann man zwar ein Buch lesen und sich dabei sonnen, wenn man davon absieht, dass das Buch wahrscheinlich voller Sand ist und dir die ganze Zeit eine Mischung von Schweiß und Sonnencreme von der Stirn tropft, weshalb man das Buch in einem Rutsch durchlesen muss, weil am nächsten Tag alle Seiten verklebt sind und das Buch für immer verloren ist.

Wenn du auf dem Rücken liegst, kannst du es allerdings vergessen. Hältst du das Buch gegen die Sonne, um Schatten zu haben, kannst du zwar gut lesen, aber du wirst an den Stellen, wo der Schatten des Buchs hinfällt, nicht braun. Da kannst du ebenso gut in ein Café gehen und es dir dort mit dem Buch gemütlich machen, statt am Strand zu liegen und zu leiden. Hält man sich das Buch nicht schützend vors Gesicht, wird man zwar braun, aber dafür scheint einem die Sonne so direkt in die Augen, dass man unmöglich lesen kann. Und dann kann man es sich auch sparen, am Strand herumzuliegen und ein Buch in der Hand zu halten.

Das ist der Augenblick, Gott (oder einem anderen übernatürlichen Wesen deiner Wahl) für den Massentourismus zu danken. Denn im Süden hast du immer genug andere Leute, die du dir ansehen kannst, während du dich sonnst.

Was man tun kann, wenn man sich im Süden langweilt (Strandversion)

6 ... raten, woher die Menschen kommen (Norweger sind, wie gesagt, leicht zu erkennen, auch wenn sie am Strand weniger auffallen als anderswo, weil es am Strand normal ist, in Badezeug herumzulaufen)

... raten, welchen Beruf die Leute haben (gar nicht so einfach)

... raten, wie viele Jahre ein Paar verheiratet ist (nicht so schwer, wie man vielleicht meint)

... raten, wer am Strand mit jemandem zusammen ist, ohne mit ihm oder ihr verheiratet zu sein (auch nicht so schwer - die Probleme fangen erst an, wenn man mit den Leuten redet, um herauszufinden, ob man richtig geraten hat)

... den Strand-Casanovas, die junge Frauen anmachen wollen, zuzwinkern und Kusshändchen zuwerfen (macht am meisten Spaß, wenn man selbst ein Mann ist, als Frau wirkt es eher billig)

... Wenn man seinen Rücken bräunen muss, und das muss man ja auch irgendwann, ist die Aussicht begrenzter, und man muss sich auf sein eigenes Gehirn verlassen, damit die Zeit vergeht.

Was man tun kann, wenn man sich im Süden langweilt (Kopfversion)

7 ... sich überlegen, was man sagen könnte, wenn zufällig ein internationaler Promi vorbeikommt, was einem durchaus nützlich sein kann, weil viele internationale Promis im Süden Urlaub machen. (Falls beispielsweise David Stewart von den Eurythmics vorbeikommen sollte, könnte man fragen: »Sind wir uns nicht schon einmal in einem unverdorbenen mallorquinischen Gebirgsdorf abseits der ausgetretenen Pfade begegnet?« Falls man auf Mallorca ist, kann es sein, dass man Michael Douglas begegnet, der in Deià eine Hütte hat oder was solche Leute eben haben. Da ist es gar nicht blöd, sich vorher überlegt zu haben, was man antworten könnte, wenn er plötzlich auftaucht und fragt, ob der Liegestuhl neben einem frei ist, damit man nicht nur blöd herumstottert: »Yes, thank you, please, you're welcome, your honour«, sondern ihn stattdessen mit der folgenden Frage verblüffen kann: »Hey, you're that

American actor, aren't you? Emilio Estevez, right?« Oder man fragt: »Oh, könnten Sie eventuell so freundlich sein, mir den roten Fleck auf dem Rücken mit Sonnencreme einzureiben?«)

... sich Buchtitel ausdenken, die man gern lesen würde, oder Bücher, von denen du annimmst, dass sie bestimmt bald erscheinen. Hier einige der Titel, die mir im Sommer eingefallen sind:

Kinderbücher
* Lisa fährt zur Hölle
* Lisa auf Heroin
* Lisa holt Bier

Nordwestnorwegisches literarisches Roadmovie
* Highway to Hellmoos

Kinderbuchserie
* Mumpeldipumpel
* Mumpeldipumpel II
* Mumpeldipumpel kommt in die Schule
* Mumpeldipumpel fährt in die Ferien
* Mumpeldipumpel bekommt einen Bruder
* Mumpeldipumpel lässt sich ordentlich volllaufen
* Mumpeldipumpel bekommt den Magen ausgepumpt
* Mumpeldipumpel zeigt Gewaltbereitschaft
* Mumpeldipumpel gerät in schlechte Gesellschaft und begeistert sich für Waffen
* Mumpeldipumpel wird wegen Verbrechen gegen die Menschlichkeit angeklagt
* Mumpeldipumpel wird beim UN-Kriegsverbrecher-Tribunal verurteilt
* Mumpeldipumpel legt Berufung ein

Kochbücher
* Schweinefleisch und Dingsbums – traditionelle Küche im Technologiezeitalter
* Ein Pferd! Ein Pferd! Mein Königreich für ein Pferd! – Rezepte aus der Shakespearezeit

Kriminalromane
* Duck dich, Darling
* Dunstige Dämmerung
* Sterbender Staub
* Der Nagel im Sarg
* Bärenschlaf
* Wer hat Angst vor dem bösen Wolf?
* Der Fuchs fackelt nicht lange
* Fuchs hat die Faxen dicke

Thrillerserie aus dem griechischen Restaurantmilieu
* Sehnige Souvlaki
* Muffige Moussaka
* Folgenreicher Feta
* Ranziger Retsina
* Oller Ouzo
* Galoppierendes Gyros
* Terz in der Taverne

Thrillerserie aus dem spanischen Touristenmilieu
* Blutige Sangria
* Flamencoflop
* Teuflische Tapas

Der Zauber, der niemals schwindet

8 In vieler Hinsicht ist der Süden heutzutage etwas vom Unexotischsten, das man sich denken kann. Es wird immer schwieriger, Norweger zu finden, die noch nie im Süden waren. Und es wird immer üblicher, vom Süden zu sprechen, als wäre er ein Teil von Norwegen. Im Jahr 2000 wurde eine Umfrage über das Leben als Rentner durchgeführt. Die Frage lautete: »Wo würden Sie Ihren Lebensabend am liebsten verbringen, wenn Sie wählen könnten?« 12,9 Prozent antworteten, dass sie in der Stadt alt werden möchten. 24,3 Prozent wollten auf dem Land alt werden. Sechzig Prozent gaben an, ihren Lebensabend am liebsten im Süden verbringen zu wollen.

Als wäre Norwegen dreigeteilt in Stadt, Land und Süden.

Der Süden ist ein Landesteil geworden, wo man offenbar gut sein Alter verbringen kann.

Ein Landesteil, den Prominente aufsuchen, nicht um mal ein bisschen Abstand zu ihrer Heimat zu bekommen, sondern um zu demonstrieren, dass sie volkstümlich und norwegisch sind.

Der Süden ist ein Ort geworden, an dem du damit rechnen kannst, dass es norwegische Waren zu kaufen gibt, und wo du verärgert sein darfst, wenn nur zwei Tage alte Exemplare von *VG* und *Dagbladet* vorrätig sind.

Der Süden ist mutiert – von einem Ort, wo dir vielleicht mal Leute begegnen, die Norwegisch sprechen, zu einem Ort, wo du erwarten kannst, dass Norwegisch gesprochen wird. Reisebetreuer Sigurd erzählte mir von einem Bergenser, der im Hotelrestaurant an die Decke ging vor Empörung: »Hier hat man dreißigtausend Kronen bezahlt, um nach Sunwing zu reisen, und dann sprechen die hier nicht mal Norwegisch?«

Der Süden ist ein Ort geworden, wo du vielerorts tatsächlich verstanden wirst, wenn du langsam und laut genug Norwegisch sprichst.

Immer öfter wird der Süden in der norwegischen Politik als ein relevanter Faktor genannt. Man scheint sich einig zu sein, dass alle Rentner das Recht haben sollen, in Spanien alt zu werden. Der Süden ist aber auch als Lösung für andere gesellschaftliche Probleme ins Spiel gebracht worden. In einer der jüngsten Debatten darüber, was man tun kann, um die Entvölkerung der Finnmark zu verhindern, lautete ein Vorschlag, man solle allen Finnmarkbewohnern Gratisreisen in den Süden geben. Und was könnte man unternehmen, um den Optimismus in der norwegischen Landwirtschaft zurückzugewinnen? Das norwegische Radio NRK vermeldete:

> »Der landwirtschaftliche Versuchsring von Ytre Romsdal und Nordmøre lädt Bauern aus dem ganzen Land für den kommenden Winter zur Teilnahme an einer Studienreise in den Süden ein. Der landwirtschaftliche Versuchsring möchte damit der schlechten Stimmung entgegenwirken, die in der norwegischen Landwirtschaft herrscht.«

Selbst wenn Norweger angefangen haben, vom Süden zu sprechen, als wäre er ein Teil Norwegens, sind wir immer noch der Meinung, dass dem Süden etwas Magisches anhaftet. Der Süden ist nicht mehr fern, paradiesisch und schwer erreichbar. Dennoch glauben wir weiterhin fest daran, dass ein paar Wochen im Süden Missmut und schlechte Stimmung in ganzen Branchen und ganzen Landesteilen verschwinden lassen können.

Es gibt nur wenige Dinge, über die man sich so leicht lustig machen kann wie über Reisen in den Süden. Und es gibt ja auch genügend Menschen, die genau das tun. Viele Norweger betrachten den Süden als einen Sammelplatz für lächerliche Menschen, die mit dem Alltag zu Hause nicht zurechtkommen, es aber erst recht nicht schaffen, sich in die Verhältnisse des Landes hineinzuversetzen, in das sie reisen. Sie halten ihn kurz und gut für einen von Sonne erfüllten Container mit primitiven, vulgären Menschen, die trinken und Tanzbands mögen.

Mit anderen Worten: billig.

Dennoch herrscht kein Zweifel, dass etwas vom Zauber, den das Wort Süden ausstrahlt, geblieben ist. Egal, wie viele Witze es über dumme, betrunkene Norweger auf Reisen gibt, so assoziiert man mit dem Wort Süden dennoch etwas Luxuriös-Üppiges. Deshalb eignet sich die Überschrift »Norwegische Minister auf Klausurtagung im Süden« als Schlagzeile über öffentliche Geldverschwendung – im Gegensatz zu: »Norwegische Minister auf Klausurtagung in Halvorsbøle«. Auch wenn eine Klausurtagung in Halvorsbøle unter Umständen genauso teuer ist wie an der Costa del Irgendwas.

Da können wir den Süden für noch so norwegisch und unexotisch und vulgär und billig halten – wir stellen uns den Süden nach wie vor auch als etwas unnötig Luxuriöses vor.

Vielleicht ist das auch kein Wunder. Denn eigentlich hätten wir Norweger dem Süden-Traum überhaupt nicht erliegen dürfen. Die Vorstellung von einem Urlaubsort, wo man sich entspannen und so wenig wie möglich tun soll, dürfte Norwegern nur schwer zu verkaufen sein. Immerhin reden wir von einer Nation, die noch heute mit tiefer Skepsis auf Leute schaut, die Hütten mit widerwärtigem Luxus wie Strom, Wasser und mehreren Zimmern bauen. Dass so viele Norweger Hütten haben, ist schon an sich ein Zeichen dafür, dass es nicht ganz so schlecht um uns bestellt ist. Viele ganz normale Familien können sich zwei Domizile leisten. Damit dies nicht allzu großkotzig und verschwenderisch aussieht, achten wir auf jeden Fall darauf, das eine dieser Domizile so einzurichten und auszustatten, als wäre es ein Elendsquartier. Ohne Strom und Wasser und mit einem batteriebetriebenen Radio mit Teleskopantenne aus dem Jahr 1973. Wir haben zwar zwei Domizile, aber das eine davon ist wenigstens verdammt ungemütlich.

Ein Land, dessen Bewohner nicht gerne zugeben, dass sie das Leben genießen, dürfte sich nicht voller Begeisterung auf eine Urlaubsform stürzen, bei der du nichts anderes tun musst, als dich zu entspannen und dich bedienen zu lassen.

Wir haben uns auch nicht voller Begeisterung darauf gestürzt. Es gab durchaus skeptische Stimmen. In der Ausgabe des Lexikons *Hvem Hva Hvor* von 1961 stand:

> »Obwohl zu Recht dafür geworben wird, dass man *zuerst Norwegen sehen* sollte, nutzen immer mehr Menschen, junge wie alte, den Sommerurlaub für eine Auslandsreise. Die gute Organisation und die geringen Kosten haben auch dem Normalbürger weite Reisen erschwinglich gemacht.«

Der Ausdruck »zu Recht« sticht hier hervor und deutet an, dass gute Bürger ihr eigenes Land kennenlernen, bevor sie ins Ausland fliegen, wie billig und gut organisiert solche Reisen auch sein mögen. Eine Rundreise in der Heimat hat zumindest eine gewisse erzieherische Funktion, was man von den meisten Urlauben im Süden eher nicht behaupten kann.

* * *

Wenden wir uns noch einmal dem guten alten Elling zu. Einer der Gründe dafür, dass so viele Norweger meinen, sich in Ingvar Ambjörnsens Elling wiederzuerkennen, könnte sein, dass Elling das ist, was viele Norweger sein könnten, jedoch nicht sind, weil es praktisch unmöglich ist: Elling ist fanatischer Sozialdemokrat. Er ist überzeugt mittelmäßig. Vom Militär sagt er: »Ich hatte einfach nur ein guter Soldat werden wollen.« Als seine Mutter die Idee vom Urlaub im Süden aufbringt, bewertet er sie aus der Sicht des kompromisslosen Sozialdemokraten, der er ist:

> »Ich hatte im Arbeiderbladet und in Mutters Illustrierten über diese Pauschalreisen in den Süden gelesen, aber ich war auf die Texte der Journalisten einfach nie abgefahren. Sonne und Wärme. Na gut. Ich sah ja ein, dass Gichtkranke und Asthmatiker sich danach sehnten. Meine eigenen Großeltern hatten allerlei Krankheiten gehabt und waren jeden Winter nach Spanien gefahren – nach Benidorm eben. Dafür hatte ich immer vollstes Verständnis gehabt. Aber ich selbst war ein Mann von knapp über dreißig, heil und gesund wie ein Fjordpferd, und auch an Mutters Gesundheit war nichts auszusetzen.
>
> ›Aber wir fahren doch dahin, um es uns gemütlich zu machen‹, sagte sie.
>
> Genau, dachte ich. Da haben wir's.«

Elling bewertet eine Süden-Reise ausschließlich danach, ob sie irgendwie nützlich sein kann. Wenn es nur ein Urlaub zum Wohlfühlen ist, erscheint ihm die Sache fragwürdig. Deshalb hört sich »Norwegische Minister auf Klausurtagung im Süden« nach Verschwendung an – im Gegensatz zu »Norwegische Minister auf Klausurtagung in Halvorsbøle«, ganz unabhängig davon, was der Spaß kostet.

Denn was sollte der Sinn davon sein, ein Seminar an einen Ort zu legen, wo es warm und schön ist, wenn es ohne weiteres möglich ist, für den gleichen Preis ein einigermaßen schäbiges Hotel in Norwegen zu finden?

Es kann nur den Sinn haben, es sich schön zu machen und sich wohlzufühlen.

Das Gleiche besagt der Artikel in *Hvem Hva Hvor*, wenn er im schlechten Gewissen der Norweger herumstochert, die für ein bisschen billige Sonnenbräune ihre Heimat verraten: Es ist und bleibt grundsätzlich unnötig, in den Süden zu reisen.

Wäre nicht die Süden-Idee in anderer Hinsicht sehr sozialdemokratisch, weil die Pauschalreisen die Welt für andere als Reiche zugänglich machen, glaube ich nicht, dass sie funktioniert hätte.

* * *

Wenn man herausfinden möchte, warum der Zauber des Worts Süden nicht schwindet, gibt es nur eins. Man muss der Sache auf den Grund gehen. Man muss in den Süden reisen.

Und genau das werde ich tun. Ich fahre in den Süden. Ich fahre in den Süden, und zwar als jemand, der nur zum Spaß reist.

Ich will nicht nur in den Süden. Ich will in den Ur-Süden. Ich suche das älteste norwegische Reiseziel im Süden aus. Mit einer Menge alter Reisekataloge im Gepäck. Ich reise in den Süden und mache Jagd auf die Reste des Süden-Zaubers, auf die Überreste des Süden-Traums vom sozialdemokratischen Luxus.

Ich reise mit einem Limerick im Kopf, den das Reiseunternehmen Saga Ende der Sechzigerjahre lancierte. Er bringt die Süden-Idee, dem Alltag zu Hause zu entkommen, aber gleichzeitig so gut umsorgt zu werden, als wäre man zu Hause, auf den Punkt.

»Eine smarte Lehrerin aus Horten
Misstraut den politischen Worten.
Tauscht die Schule voll Wonne
Gegen Süden und Sonne
Und reist mit Saga zu anderen Orten.«

ZWEITER TEIL

Mallorca –

Insel der Kontraste

»Mallorca, oh, dieses Mallorca! Von Tausenden besucht und beschrieben, umstritten und umworben, eine sonnenglitzernde Herausforderung. Die erregenden Klänge des Flamenco – die Farben, die Strände, der Wein – Insel der Abenteuer – ein Vorgeschmack auf Spaniens Herz. Im Zeitalter des Fliegens, in dem Abstände nicht in Kilometern, sondern in Flugstunden gemessen werden – in einer Zeit, wo es ganz selbstverständlich geworden ist zu reisen – ist Mallorca dank seiner zahlreichen Attraktionen zu einer Institution im skandinavischen Reiseleben geworden. Natürlich haben die vielen Besucher die Lebensform der Insel geprägt: die großen Hotels, die vielen Vergnügungen und die unvermeidlichen Souvenirläden. Aber immer noch und unbestritten ist Mallorca die ideale Urlaubsinsel – denn hier gibt es alles, was ein Nordeuropäer unter Urlaub, echtem Urlaub versteht: Lebensfreude, Atmosphäre, Temperament, eine freundliche Bevölkerung und eine wunderschöne Natur – und dies alles nur wenige angenehme Flugstunden von dem unberechenbaren skandinavischen Klima entfernt.«

Aus einem Reisekatalog von *Stjernerejser* (1965)

Ein paar Fakten zu Mallorca

Lage: Urlaubsinsel im Mittelmeer. Gehört zu Spanien. Mallorca ist die größte Insel der Balearen. Die übrigen Inseln sind Menorca (das als etwas ruhiger gilt), Ibiza (das nicht als ruhiger gilt) und Formentera (das als nichts gilt, aber bestimmt auch die eine oder andere Eigenart hat). Spaßvögel unter den Einwohnern behaupten außerdem, es müsse noch eine fünfte Baleareninsel geben, Majorca. Majorca ist die englische Schreibweise von Mallorca, und dabei soll es sich um eine Insel handeln, auf der ausschließlich Touristen und die Betreiber von Hotels und Restaurants leben.

Hauptstadt: Palma

Fläche: 3640 km^2

Sprache: Offizielle Sprachen sind Kastilisch und Katalanisch. Deutsch und Englisch sind üblich. Süden-Skandinavisch ist stellenweise verbreitet.

Bevölkerung: Einheimische und Touristen. Und zahlreiche hier ansässige Ausländer, die Mehrzahl davon Deutsche oder Briten.

Bevölkerung ohne Touristen: ca. 896 000

Bevölkerung mit Touristen: ca. 14 896 000

Jährlich besuchen etwa 14 Millionen Touristen Mallorca. Davon je etwa 25 Prozent Deutsche und Briten.

Relevante Geschichte: Mallorca war das Ziel der ersten ausschließlich norwegischen Flugcharterreise 1959. Der Flug hatte 35 Passagiere und dauerte sieben Stunden mit einer Zwischenlandung in der Schweiz. In der ersten Saison gingen etwa 500 Norweger auf Charterreise nach Mallorca. Heute reisen jährlich 100 000 Norweger auf die Urlaubsinsel.

Alles, was während des Fluges nicht passierte

9 Keiner klatscht. Wir landen. Die Stewardess sagt: »Willkommen in Palma. Bitte bleiben Sie so lange angeschnallt, bis das Anschnallzeichen über Ihrem Kopf ausgeschaltet ist.« Wir bleiben brav sitzen, bis das Anschnallzeichen über unserem Kopf ausgeschaltet ist. Dann nehmen wir unser Handgepäck und steigen aus. Das war's.

Ich versuche, einen Applaus zu initiieren, erhalte jedoch nur minimale Unterstützung.

Schon im Flugzeug bekommst du erste Hinweise darauf, dass der Süden nicht mehr das ist, was er einmal war, oder nicht das, was die Leute glauben. Viele Klischees über Chartertouristen sollen angeblich schon im Flugzeug in Erscheinung treten. Eins davon – für viele der definitive Beweis für die Dummheit und Peinlichkeit wenig weltgewandter Chartertouristen – besagt:

Sie klatschen, wenn das Flugzeug gelandet ist.

Das tun sie aber nicht mehr. Ich habe es schon mehrmals erlebt, dass es auf Charterflügen nach der Landung völlig still blieb, und jedes Mal dachte ich, dass ich nur ganz besonderes Glück gehabt hätte. Aber nein, es hat den Anschein, als sei Klatschen im Flugzeug ein im Aussterben befindlicher Charterbrauch. Es geht das Gerücht, bei einem Charterflug aus Schweden habe jemand »vereinzeltes Klatschen« gehört, aber ich weiß nicht, ob man darauf viel geben sollte.

Es wäre schade, wenn das Klatschen im Flugzeug ausstürbe. Ich finde es nicht peinlich, im Flugzeug zu klatschen. Er hat etwas Schönes an sich, dieser Ausdruck der Wertschätzung einer gut ausgeführten Arbeit. Geben wir es doch zu: Die meisten von uns haben nicht den Hauch einer Ahnung davon, wie ein Flugzeug landet. Es *ist* beeindruckend und verdient Applaus.

Man sollte tatsächlich viel öfter Beifall klatschen, nicht nur im Flugzeug. Die Leute sollten klatschen, wenn der Bus an der Endhaltestelle ankommt. Sie sollten nach der Mathematikstunde klatschen. Wir spenden den Menschen, die es am dringendsten brauchen, keinen Beifall. Wir klatschen nur Leuten Beifall, die von etwas leben, was sie sich als Lebensunterhalt erträumt haben. Professionelle Sportler. Musiker. Doch diejenigen, die uns sicher an ein Ziel befördern oder unseren Kindern etwas beibringen, bedenken wir nie mit einem Applaus. Wir sollten unbedingt nach der Mathematikstunde applaudieren. Beim ersten Mal würde der Lehrer wohl stutzen, vielleicht sogar davon ausgehen, dass die Schüler es ironisch meinen. Aber nach und nach könnte es zur Gewohnheit werden, glaube ich. Zu einer schönen Gewohnheit. Und der Lehrer kann beschwingt in die Pause gehen und sich vornehmen, es in der nächsten Stunde noch besser zu machen. Falls es ihm nicht zu Kopf steigt und er hochmütig wird und anfängt, den Geometrieunterricht auf die leichte Schulter zu nehmen. Doch das glaube ich eher nicht. Menschen mit einer solchen Veranlagung werden nicht Lehrer.

Ich stelle mir vor, dass Applaudieren das Trinkgeld ersetzen könnte. Es gibt eine Reihe von Berufsgruppen, bei denen es verfehlt wirken würde, nach getaner Arbeit dem Betreffenden einen Geldschein zuzustecken, wie man es bei Kellnern und Taxifahrern tut. Es würde zum Beispiel in der Fragestunde des Kultusministers empörte Anfragen geben, wenn zufriedene Schüler anfingen, ihren Lehrern Trinkgeld zu geben.

Klatschen dagegen wäre in Ordnung. Jemand sollte die Tradition weiterführen, jetzt da die Süden-Touristen die Sache verraten haben.

* * *

Das heißt also: Im wirklichen Leben haben die Süden-Touristen aufgehört zu klatschen, wenn das Flugzeug landet. In den Süden-Geschichten klatschen sie immer noch. In den Süden-Geschichten verhalten Süden-Touristen sich so, wie du es von ihnen erwartest.

Jeder kennt eine Süden-Geschichte. Meistens handelt sie von etwas, was wir gesehen haben. Oder von jemandem, den wir getroffen haben, der etwas gesehen hat. Oder von jemandem, mit dem wir gesprochen haben, der jemanden getroffen hat, der jemanden gesehen hat, der etwas über jemanden von jemandem gehört hat. Und alle, die eine Süden-Geschichte hören, kennen mindestens eine, die die soeben gehörte toppt.

Selbst wenn die meisten heutigen Süden-Touristen weitgereist sind und schon ein paar Mal handelsüblichen Schnaps probiert haben, leben die Süden-Vorurteile und die Süden-Folklore weiter, als sei nichts geschehen. Die meisten Geschichten führen das Klischee von Süden-Touristen als unkultivierten Menschen weiter, die sich den Teufel darum scheren, in welches Land sie reisen, solange es dort nur genug zu trinken gibt.

Viele Süden-Geschichten beginnen mit der Flugreise oder sogar schon vor dem Flug. Sie handeln von Leuten, die am Flughafen eine Bar entdecken und nicht begreifen, dass sie sie keineswegs leertrinken müssen, und so ihren Urlaub verschlafen oder nicht ins Flugzeug gelassen werden. Oder von Leuten, die es trotzdem irgendwie an Bord schaffen und die nächsten vier Stunden damit verbringen, die gesamte Maschine in gemeinsamem Gesang zu vereinen. Andere Geschichten handeln von Menschen, die den Heimflug verpassen. Entweder absichtlich, weil sie nicht wieder nach Hause wollen, oder aber, weil sie nicht gefunden wurden, als sie abgeholt werden sollten, oder weil sie vom Reiseveranstalter vergessen wurden. Letzteres ist tatsächlich passiert. Im April 2001 konnte man im norwegischen Radio folgende Meldung hören:

>Neunundzwanzig Reisende aus Trøndelag wurden am Wochenende auf Teneriffa vergessen. Der Bus, der sie im Hotel abholen sollte, kam nicht, und so flog die Maschine ohne sie zurück nach Værnes.«

Im Flugzeug begegnest du genau dem, was du wegen der vielen Süden-Geschichten erwartest, nämlich, dass die Passagiere betrunken sind und dass jemand probiert, das ganze Flugzeug zum Mitsingen zu bewegen.

Die meisten Menschen verhalten sich nicht so wie die Touristen in den Geschichten. Wer es dennoch tut, der tut es wahrscheinlich nicht, weil er so ist, sondern weil er gelernt hat, dass man sich so verhalten soll, wenn man eine Reise in den Süden macht. Und dann gibt es viele, die nicht auf die Idee kämen, sich so zu verhalten, die aber hoffen, dass andere es tun, damit sie hinterher eine gute Geschichte zu erzählen haben.

Ich muss gestehen, dass ich zur letzten Gruppe gehöre.

Ein Mann, den ich kenne, hat sämtliche Süden-Klischees aus nächster Nähe mitbekommen. Nicht im mythischen Süden einer entlegenen Vorzeit, sondern vor einigen Jahren auf einem Nachtflug von Flesland nach Las Palmas in der Nacht vor Heiligabend. Er erlebte die ganze Palette. Erbrechen. Versaute Witze. Betrunkene Rentner. Alles. Ein älteres Ehepaar aus Stavanger hatte schon vor Reiseantritt ordentlich vorgeglüht. Der Mann knöpfte sein Hawaiihemd auf und entblößte seinen Bierbauch vor allen, die es sehen wollten, und vielen, die es nicht sehen wollten, und das schon, bevor das Flugzeug ihre Heimatstadt Stavanger überflog.

Immer sind es andere, die so etwas erleben dürfen. Ich hingegen sitze in einem Flugzeug voller adretter Kleinfamilien und bin ehrlich gesagt ein bisschen neidisch.

Als die Maschine in Las Palmas landete, setzte das Paar aus Stavanger einen unwürdigen Schlusspunkt unter seine Flugreise, indem beide die Flugzeugtreppe hinunterfielen, ohne dass einer der Mitpassagiere in dem wartenden Bus mit mehr als einem Blick reagierte. Es waren erfahrene Süden-Rentner, die schon viel erlebt hatten. Wenn sie nicht weltgewandt waren, so waren sie auf jeden Fall südengewandt.

Ich werde wohl nie erleben, dass Mitreisende auf einem Charterflug betrunken und unangenehm sind. Vielleicht kam es auf meinen ersten Reisen in den Süden schon einmal vor, doch damals war ich zu jung, um es ausreichend zu würdigen. Es ist kein Wunder, dass Menschen im Flugzeug zu viel trinken und unangenehm werden. Es *ist* unangenehm zu fliegen. Und man kann nicht viel anderes tun als zu trinken. Oder im Verkaufsprospekt der Fluggesellschaft von all dem Alkohol zu lesen, den du an Bord kaufen kannst, damit du weitertrinken kannst, wenn du gelandet bist. Hier die Angebote im Flugzeugprospekt auf diesem Flug:

Minibarpaket:
Miniflaschen mit Whisky, Martini, Wodka, Gin,
Cognac, Bacardi, Tonic, Cola und Sprite.

Urlaubspaket:
Whisky, Gin, Tonic und Erdnüsse.

Das Urlaubspaket enthält zumindest etwas Essbares.

Aber gibt es jemanden an Bord, der vorhat, seinen Stavanger-Bauch zu entblößen und die Flugzeugtreppe hinunterzufallen? Nein, hier sind nur auffallend ruhige, freundliche Gesichter zu sehen.

Ich frage mich, ob es nicht ein Fehler war, den Morgenflug zu wählen.

* * *

Es ist naheliegend, dass sich so viel volkstümlicher Humor ums Fliegen dreht. Auf Flugreisen sind die Menschen so dicht zusammengedrängt wie in einer Sardinenbüchse und müssen es miteinander aushalten. Wenn dann noch der Alkohol dazukommt und das Gefühl vieler Leute, dass Fliegen für den Menschen streng genommen unnatürlich ist, dann ist es kein Wunder, dass die Menschen sich anders verhalten als sonst.

Im Flugzeug sitzt du außerdem mit Leuten zusammen, mit denen du sonst nicht reden würdest, und du kannst dir nicht einfach einen anderen Platz aussuchen. Joviale Junggesellen sitzen neben Religionslehrern und erzählen ihnen dreckige Witze. Großmütter sitzen neben Drag-Künstlern und trinken Rum mit ihnen. Letzteres habe ich mir übrigens nicht ausgedacht. Vor einigen Jahren erschien in diversen Zeitungen eine Nachricht unter Verschiedenes über eine englische Oma, die wegen Randalierens im Flugzeug zu sechs Monaten Gefängnis verurteilt worden war. Sie soll unter anderem eine Stewardess geschlagen haben, nachdem sie sie zunächst zweimal verfehlt hatte. Die bis dahin unbescholtene Großmutter erklärte vor Gericht, es tue ihr sehr leid und sie glaube, der Drag-Künstler auf dem Nachbarsitz habe etwas in ihren Drink getan. Ungefähr zur gleichen Zeit waren Meldungen über einen norwegischen Flugpassagier zu lesen, der zu einer Geldstrafe verurteilt wurde, weil er auf andere Passagiere uriniert hatte. Allerdings weil er es nicht rechtzeitig zur Toilette geschafft hatte.

Diese beiden Vorkommnisse werden in dem Buch *In-Flight Entertainment* erwähnt, in dem der Flugbegleiter Elliott Hester angeblich wahre Geschichten aus seinem Arbeitsleben erzählt. Es ist typisch für derartige Geschichten, dass es mir so vorkommt, als hätte ich sie alle schon einmal gehört, oder auf jeden Fall sehr ähnliche. Es geht um nassforsche Machos, die im Flugzeug Todesängste ausstehen, um betrunkene Ehepaare, die sich jeweils in den Schoß des anderen übergeben, um Menschen, die auf der Toilette Sex miteinander haben (ehrlich gesagt kann man auf gewöhnlichen Flugzeugtoiletten keinen Sex haben, es sei denn mit sich selbst), um Leute, die hinter den Sitzen Sex haben, um Leute, die unterwegs aussteigen wollen, um Leute, die Ärger machen, weil sie an Bord nicht rauchen dürfen, und um Männer, die damit drohen, Stewardessen in den Atlantik zu werfen, wenn sie nichts mehr zu trinken bekommen.

Der Flughumor geht nach der Landung weiter. Das Gepäckband ist immer gut für einen humoristischen Gag. Sowohl Kramer in *Seinfeld* als auch Patsy in *Absolutely fabulous* erreichen den Flughafen auf dem Gepäckband, und es ist beide Male ziemlich lustig.

Selbstverständlich endet auch die Las-Palmas-Geschichte vom Ehepaar aus Stavanger mit Komplikationen am Gepäckband. Es gibt Leute, die einfach *alles* erleben dürfen. Nachdem die beiden aus Stavanger irgendwie angekommen waren und die Begegnung mit dem Süden gefeiert hatten, indem sie die Flugzeugtreppe hinunterfielen, mussten sie nur noch die Koffer holen. Unser Freund aus Stavanger mit dem nackten Bierbauch wartete am Gepäckband, entdeckte den Koffer und griff danach, um dann festzustellen, dass der Koffer sehr schwer war. Er wurde mit aufs Gepäckband gezogen. Mehrere andere reichlich beschwipste Passagiere versuchten, ihm vom Band herunterzuhelfen, schafften es aber nicht und wurden stattdessen selbst zusammen mit dem Bierbauchträger aufs Gepäckband gezogen. Mehrere erwachsene Menschen kämpften mit Gepäckstücken, während das Band seine Kreise zog. Es war halb vier morgens am 24. Dezember. So ein Weihnachten vergisst du nicht so schnell.

* * *

Der Zoll ist eine weitere ergiebige Quelle volkstümlichen Humors. Eine meiner Lieblingsgeschichten handelt von einem Mann aus Westnorwegen, der Urlaub im Süden machte, ohne zu wissen, in welchem Land er gewesen war. Am Tag der Heimreise erschien er in nichts als der Badehose und Holzschuhen und mit einer Tragetasche voller Alkohol. Ein wohlmeinender Mitreisender machte ihn darauf aufmerksam, dass er in diesem Aufzug und mit einer Plastiktüte, die offensichtlich mehr als die erlaubte Freimenge enthielt, riskiere, vom Zoll angehalten zu werden. Dies veranlasste unseren Mann zu dem Versuch, so viel wie möglich von dem Alkohol bereits während der Heimreise zu trinken. Als er in Gardermoen ankam, immer noch in Badehose und Holzschuhen, nahm er den roten Ausgang, stellte die Plastiktüte mit dem Rest des Alkohols ab und fragte, ob er auch das verzollen müsse, was er intus habe.

Die Geschichte ist zu schön, um wahr zu sein. Im wirklichen Leben kommt es selten vor, dass die Hauptpersonen in Saufanekdoten am Ende der Obrigkeit eine smarte Pointe liefern. Wie die meisten Süden-Geschichten baut auch diese vielleicht auf einem wahren Kern auf, der nach dem Schneeballprinzip wächst, je öfter die Ereignisse wiedererzählt werden.

Der Held der Erzählung wurde wohl von den Zöllnern durchgewinkt. Jetzt weißt du also, was du tun musst, um mit zu viel Alkohol durch den Zoll zu kommen: halbnackt und besoffen sein und den roten Ausgang nehmen.

Unser Held aus Westnorwegen ist ein Typ von Süden-Tourist, den es beinahe nicht mehr gibt. In der Frühzeit des Chartertourismus waren sogenannte »Plastiktütentouristen« nicht ganz ungewöhnlich, üblicherweise unverheiratete Männer, die mit einer Plastiktüte als einzigem Gepäck und vielleicht einer Zahnbürste in der Brusttasche allein unterwegs waren. Der Sinn der Reise bestand darin zu trinken, was ihnen in der Regel offenbar ziemlich gut gelang.

Veteranen der Reisebranche erinnern sich an etliche Gelegenheiten, bei denen Reiseleiter auf Mallorca Kautionen hinterlegen mussten für Reiseteilnehmer, die festgenommen worden waren, weil sie im Zentrum von Palma mit nacktem Oberkörper herumgelaufen waren. Heutzutage laufen norwegische Touristen die ganze Zeit mit nacktem Oberkörper herum und kommen im Großen und Ganzen ungeschoren davon.

Im Jahr 1977, als der Plastiktütentourismus noch häufiger vorkam, gab es einen Hotelstreik auf Mallorca. Es musste mehr als sonst improvisiert werden, und die Touristen mussten sich die wenigen Zimmer mit anderen Gästen teilen. Unter anderem wurde behauptet, dass ein Finne drei Tage lang das Zimmer mit einem toten Mann teilte, ohne es zu melden. Hinterher sagte der Finne, er sei zu betrunken gewesen, um etwas zu merken.

Auch heute muss es noch den einen oder anderen Plastik-tütentouristen geben. Noch im Sommer 2002 teilte ein Süden-Hotel einem norwegischen Reiseveranstalter mit, dass einer der norwegischen Gäste sein gesamtes Gepäck im Hotel ver-gessen habe.

Eine andere Geschichte, die zu schön ist, um wahr zu sein, stammt von einem Zollbeamten und erschien in einem Zei-tungsartikel über Schmuggelei. Der Zöllner behauptet, diese Geschichte selbst erlebt zu haben, also müssen wir ihm fast glauben. Eine Rentnerin war auf Langzeiturlaub im Süden. Während des Aufenthalts dort starb ihr Mann. Sie wurde am Zoll mit einer Schnapsflasche in der einen und einer Urne in der anderen Hand angehalten. Es stellte sich heraus, dass die Urne die erlaubte Freimenge ihres Mannes an Wein und Schnaps ent-hielt. Die Frau war der Ansicht, ein Recht auf die Einfuhr von zwei Freimengen Alkohol zu haben, weil ihr Mann mitreiste, oder zumindest das, was von ihm übrig war.

* * *

In Süden-Anekdoten, die nicht von Alkohol handeln, geht es oft darum, dass man seine Herkunft nicht einmal auf Reisen ab-schütteln kann. Entweder weil man es nicht will (jeder kennt Geschichten von Leuten, die Gepökeltes oder ihren Lieblings-aufschnitt aus Norwegen mit auf die Süden-Reise nehmen), oder – und hiermit nähern wir uns den traumatischen Süden-Erzäh-lungen – weil man nicht dazu in der Lage ist, die Herkunft hinter sich zu lassen. In diese Kategorie gehört die Geschichte von dem Mann, der seinen gesamten Süden-Urlaub allein an der Hotelbar verbrachte. Als einer der anderen Gäste schließlich versuchte, mit ihm ins Gespräch zu kommen, erzählte er, er sei auf seiner Silbernen Hochzeitsreise. Und seine Frau sei zu Hause geblieben.

Ich habe auch eine Geschichte von einem Mann gehört, der sich anscheinend gewünscht hätte, dass seine Frau zu Hause geblieben wäre. Nach einer Fotopause auf einem Busausflug fragte der Reiseleiter, ob noch jemand fehle. Niemand meldete sich, und der Bus fuhr weiter. Nach einer Weile wurde der Bus von einem Auto mit einer winkenden Frau auf dem Beifahrersitz überholt. Der Reiseleiter erkannte die Frau, weil sie zu seiner Reisegruppe gehörte, und signalisierte dem Fahrer, dass er anhalten solle. Die Frau stieg wortlos in den Bus und setzte sich auf den freien Sitz neben ihrem Ehemann. Der dem Busfahrer nicht gemeldet hatte, dass jemand fehlte.

* * *

Die Süden-Erzählungen, die am allerwenigsten Wahrheit enthalten, sind die Wandersagen. Häufig spielen diese Geschichten mit der Furcht vor dem, was in dem fremden Land im schlimmsten Fall geschehen kann, aber auch mit Vorurteilen gegenüber ausländischem Essen, ausländischer Hygiene und dem Verhältnis der Ausländer zu Gesetz, Recht und Anstand, zu Moral, Wahrheit und Lüge. Während die Geschichte von der Freundesgruppe, die Gepökeltes mit in den Urlaub nimmt, sich ziemlich unschuldig und ein bisschen niedlich ausnimmt, sind Wandersagen oft geradezu grotesk.

Etliche solcher Geschichten konterkarieren den Traum, man könne am Endpunkt einer billigen Flugreise in den Süden das Paradies finden. Es sind Horrorgeschichten über Menschen, die Hotels am Strand bestellen und in Baracken ohne fließend Wasser siebzig Kilometer im Landesinneren landen, und zwar in Zimmern, die seit einem Jahr nicht geputzt worden sind.

Der schwedische Volkskundler Bengt af Klintberg hat zwei Bücher mit modernen Wandersagen herausgegeben. In den Geschichten, die von Süden-Reisen handeln, geht es um Menschen, die nach einem Restaurantbesuch einen Rattenknochen im Hals stecken haben, um Beulen im Gesicht, aus denen Spinnen kriechen, um süße struppige Hunde, die eigentlich fette Kanalratten sind, um Kinder, die zu Hause sterben, während die Eltern Urlaub machen. In den neueren Wandersagen hat sich der Süden von Klassikern wie Mallorca und Rhodos in den Neuen Süden verlagert, nach Brasilien und Thailand. Während unsere Wünsche nach neuen Ferienerlebnissen sich in immer neue Erdteile verlagern, scheint die Angst ihnen auf den Fersen zu folgen. In Klintbergs zweiter Sammlung drehen sich die Süden-Geschichten um Touristen, die Opfer des weißen Sklavenhandels werden, oder um abenteuerlustige Urlauber, die in einem entlegenen Land in einer Bar einen Drink nehmen und sich danach an nichts mehr erinnern können, bis sie bandagiert mit nur noch einer Niere wieder aufwachen. Eine andere Wandersage handelt von Rucksacktouristen in Asien, denen etwas relativ Unwichtiges gestohlen wird und die deshalb zur Polizei gehen. Die Polizei findet den Schuldigen, fast immer einen armen Schlucker, und erschießt den Betreffenden auf der Stelle, vor den Augen des Touristen.

* * *

Weißer Sklavenhandel, Organhandel, Ratten im Essen, Spinnen in der Backe, Kanalratten, die wie Hunde aussehen, und Kinder, die zu Hause sterben. In den Wandersagen ist ein Urlaub im Süden immer noch gefährlich. In diesen Erzählungen lebt all das weiter, was der Pauschaltourismus leugnet: das Unheimliche, das Unbekannte, das Unvorhersehbare.

Wenn es im Süden so vieles gibt, vor dem man sich ängstigen muss, ist es erstaunlich, dass so viele Süden-Urlauber recht sorglos aussehen. Oder ist das vielleicht der Grund dafür, dass Süden-Touristen so viel trinken? Um ihre Angst auf Abstand zu halten? Womöglich ist das der Grund, warum Süden-Urlauber halbnackt am Zoll ankommen oder im Gefängnis enden, wo sie heimtückische Drag-Künstler verfluchen?

Wohl kaum. Eher das Gegenteil ist der Fall. Süden-Reisen sind so perfekt durchorganisiert, dass man tatsächlich in ein anderes Land reisen und in einem Hotel unterkommen kann, selbst wenn man so betrunken ist, dass man das Wort »Pass« nicht mehr aussprechen kann.

* * *

Meine Reise wird auch eine Suche nach den Resten des typischen Süden-Benehmens sein, eine Suche nach denen, die sich immer noch so aufführen wie die Süden-Touristen in den Geschichten. Die immer noch bei der Landung klatschen. Die immer noch in Badehose und Holzschuhen zurückfliegen. Wenn es sie überhaupt gibt.

Wenn sonst niemand in Badehose zurückfliegt, muss ich es wohl selbst tun.

Das fehlte gerade noch.

Flug SK7883, die ersten Stunden

10 **10.41** Flug SK7883 aus Gardermoen landet in Palma.

10.43 Hansen junior wird vorausgeschickt, um der Familie einen guten Platz am Gepäckband zu sichern.

10.45 Pettersen meint, Nilsen habe sich den Gepäckwagen geschnappt, den er eigentlich haben wollte. Nilsen meint, keiner habe mehr Recht auf einen Gepäckwagen als andere, und wenn Pettersen ausgerechnet diesen Gepäckwagen haben wolle, dann hätte er besser darauf aufpassen müssen.

10.47 Nilsen entdeckt, dass direkt hinter ihnen sieben freie Gepäckwagen stehen. Pettersen nimmt einen davon und geht zusammen mit Nilsen in Richtung Gepäckband.

10.49 Nilsen und Pettersen finden heraus, dass sie im selben Hotel wohnen, und verabreden sich für denselben Abend in der Bar.

10.51 Nilsen und Pettersen und der Rest der Passagiere, die mit dem Flug SK7883 aus Gardermoen gekommen sind, erreichen eine Drehtür, durch die man hindurch muss, um zum Gepäckband zu gelangen.

10.52 Nilsen und Pettersen sind sich einig, dass sie sich ordentlich ins Zeug gelegt haben, um diese Gepäckwagen aufzutreiben, weshalb sie sie verdammt noch mal mit durch die Drehtür nehmen wollen, auch wenn es unmöglich aussieht.

10.53 Nilsen steckt mit dem Gepäckwagen in der Drehtür fest und hält alle Passagiere auf, die mit dem Flug SK7883 aus Gardermoen gekommen sind.

10.55 Hansen, der gern Ordnung in die Dinge bringt und außerdem vor dem Urlaub ein wenig Spanisch gelernt hat, bietet sich an, Hilfe zu holen.

10.57 Hansen hat einen Mann in Uniform gefunden, doch dann geht ihm auf, dass »Entschuldigung, eine Person mit Gepäckwagen steckt in der Drehtür fest« nicht zu den spanischen Sätzen gehört, die er vor dem Urlaub gelernt hat.

10.58 Die Kinder in der Schlange fangen an zu weinen.

10.59 Halvorsen, der allein reist, sagt laut, dass man ja schon mal mit dem Schnaps anfangen könne, weil es so aussieht, als müsste man hier noch eine Weile stehen.

11.00 Die Pettersens entdecken, dass Pettersen junior verschwunden ist. Frau Pettersen ist der Ansicht, das wäre nicht passiert, wenn Herr Pettersen nicht so damit beschäftigt gewesen wäre, sich die ganze Zeit um Gepäckwagen und Drehtüren zu streiten. Herr Pettersen meint, Frau Pettersen solle froh sein, dass wenigstens einer in dieser Familie Verantwortung übernimmt und sich um Gepäckwagen bemüht, statt loszustürmen, um eine zu rauchen, sobald die Maschine gelandet ist.

11.04 Pettersen junior wird gefunden. Er hat Hilfe geholt und gemeinsam mit einem Flughafenangestellten Nilsen aus der Drehtür befreit.

11.05 Halvorsen, der allein reist, lacht laut.

11.06 Alle gehen durch die Drehtür.

11.07 Nilsen entdeckt, dass auf der anderen Seite der Drehtür viele freie Gepäckwagen stehen.

11.10 Die restlichen Passagiere von Flug SK7883 aus Gardermoen versammeln sich um das Gepäckband, wo Hansen junior schon den besten Platz reserviert hat.

11.11 Hansen senior, der gern Ordnung in die Dinge bringt, nimmt wie abgesprochen seine Position an der Stelle ein, wo das Gepäckband um die Kurve läuft. Hansen junior macht sich bereit, Hansen senior zu signalisieren, wenn er ihr Gepäck entdeckt hat. Sie haben es zu Hause trainiert.

11.14 Das Gepäck ist noch nicht gekommen.

11.37 Das Gepäck ist noch immer nicht gekommen.

11.45 Halvorsen, der allein reist, sagt laut, dass das Gepäck bestimmt in Hawaii gelandet sei, aber dass er jede Menge Schnaps in seiner Plastiktüte habe, weshalb es nicht so schlimm sei. Halvorsen lacht laut.

11.56 Jemand entdeckt, dass das Gepäck von Flug SK7883 aus Gardermoen am Nachbarband ausgegeben wird. Alle sind davon ausgegangen, dass die Hansens sich am richtigen Band aufgestellt haben.

12.00 Hansen, der gern Ordnung in die Dinge bringt, tritt an das richtige Band und sieht, dass Hansens Plätze von Petterson und Nilsen eingenommen worden sind, die sich mit ihren Gepäckwagen parallel zum Gepäckband aufgestellt haben.

12.02 Hansen, der gern Ordnung in die Dinge bringt, weist darauf hin, dass mehr Personen ans Band passen, wenn alle den Gepäckwagen ein Stück vom Gepäckband entfernt hinstellen. Nilsen meint, dass keiner mehr Recht auf einen Platz am Gepäckband hat als andere, und wenn dieser Platz für Hansen so wichtig sei, hätte er aufpassen und zum richtigen Gepäckband gehen sollen.

12.03 Hansen bittet Hansen junior, sich auf Nilsens Gepäckwagen zu setzen und Ausschau zu halten.

12.05 Hansen, Pettersen und Nilsen finden heraus, dass sie Kinder im gleichen Alter haben, und verabreden sich für denselben Abend in der Bar.

12.15 Alle haben ihr Gepäck bekommen. Hansen, der gern Ordnung in die Dinge bringt und ein Bedürfnis verspürt, den schlechten Eindruck wettzumachen, nachdem er und sein Sohn sich ans falsche Band gestellt hatten, sagt, er glaube zu wissen, wo die Busse stehen.

12.16 Halvorsen, der allein reist, sagt laut, dann sollte man auf gar keinen Fall dort hingehen. Halvorsen lacht laut. Viele andere auch.

19.00 Hansens, Pettersens, Nilsens und Halvorsen, der allein reist, treffen sich in der Hotelbar. Hansen, der gern Ordnung in die Dinge bringt, bestellt auf Spanisch bei einem Kellner, der nur Schwedisch und Englisch spricht. Halvorsen hat selbst dabei, was er braucht.

23.40 Hansens, Pettersens, Nilsens und Halvorsen haben herausgefunden, dass sie mehrere gemeinsame Bekannte haben.

Sodoma und Gomila

11 Die Plaza Gomila in El Terreno am Rande von Palma auf Mallorca könnte die Wiege des norwegischen Südens sein. Es kann auch gut sein, dass die Wiege des norwegischen Südens anderswo liegt. Das hängt davon ab, was man als norwegisch und was man als Süden bezeichnet. Und was man als Wiege bezeichnen will. Über so etwas werden die Menschen sich immer streiten, weil alle es für wichtig halten, behaupten zu können, der Erste in etwas zu sein. Deshalb lohnt es sich nicht, bei derartigen Dingen aufzutrumpfen. Also schreibe ich, dass die Wiege des norwegischen Südens die Plaza Gomila sein *könnte*. Es könnte auch ein anderer Platz sein. Aber vielleicht ein Platz, der der Plaza Gomila ähnelt.

Die erste norwegische Reisegruppe, die von der Charterfluggesellschaft Saga in den Süden geschickt wurde, fuhr nach Mallorca. In den ersten Jahren, vor dem großen Bauboom in der Palma-Bucht, wohnten viele der norwegischen Touristen im Stadtviertel El Terreno.

Hier liegt auch heute noch das Hotel, das die Teilnehmer dieser ersten Reise beherbergte. Es heißt Pinar und wurde im Saga-Katalog des Jahres 1964 so beschrieben:

»Die Pension Pinar ist ein kleineres, einfaches, aber gemütliches Hotel in El Terreno. Es ist sauber und ordentlich und allen zu empfehlen, die nicht allzu viel Wert auf Komfort legen, sondern während ihres Aufenthalts in Palma lieber mehr Taschengeld zur Verfügung haben wollen oder eine Reise in den Süden zu einem erschwinglichen Preis anstreben. Die Lage des Hotels in El Terreno ist ideal. Von hier aus ist es nur ein Spaziergang von fünfzehn bis zwanzig Minuten nach Palma. Das Vergnügungszentrum von El Terreno, die Plaza Gomila, liegt ganz in der Nähe.«

Mit einer Kopie aus diesem Katalog in der Tasche bewege ich mich in Richtung Plaza Gomila, um die Wiege des Südens zu finden.

Es zeigt sich, dass die Wiege des Südens überaus schwer zu finden ist.

In den heutigen Mallorca-Führern steht nicht besonders viel über El Terrenos Vergnügungszentrum Plaza Gomila. Es steht überhaupt nicht viel über El Terreno in den heutigen Führern. Und El Terreno sieht aus wie ein ganz normales Wohn- und Geschäftsviertel am Rand einer kleinen Großstadt.

Doch dann.

Plötzlich taucht ein Kiosk auf, wo *VG* und *Se & Hør* verkauft werden. Er wird betrieben von einem Mallorquiner, der mir mit unverkennbarem Vålerenga-Akzent mitteilt, wie viel eine *VG* kostet. Dann tauchen weitere Etablissements auf, die man in normalen Wohn- und Geschäftsvierteln auch nicht finden würde. Etwa »Nicki's Svenske Bar« und einige leicht anrüchige Nachtclubs, die ziemlich geschlossen aussehen.

»Nicki's Svenske Bar« und der Vålerenga-Mallorquiner im Zeitungskiosk sind nur der Anfang. Nicht weit von der Plaza

Gomila liegt eine echte Süden-Straße, wie es sie an Orten mit vielen Süden-Touristen gibt, wo jeder zweite Laden Postkarten, Badebälle, Handtücher, Fußballtrikots, T-Shirts mit witzigen Texten und Souvenirs verkauft, die auf dem Heimweg im Koffer zerbrechen werden. Eine Straße, in der du Zeitungen aus den meisten großen Ländern Europas kaufen kannst. Eine Straße mit verschiedenen Restaurants, die alle in etwa die gleiche Speisekarte in vielen Sprachen haben. Eine Straße, in der alle Restaurants, egal, was sie sonst servieren, auch eine Pizzakarte haben.

Aber etwas stimmt nicht mit dieser Süden-Straße. Zunächst einmal sieht es nicht so aus, als wären viele Touristen hier. Zwischen den üblichen Pizzerien und den üblichen Irish Pubs liegen eine jamaikanische Bar und ein dominikanisches Restaurant.

Und es ist nicht nur das. Etwas anderes stimmt hier nicht und lässt diese Straße deplatziert wirken. Sie sieht aus wie nach einem langen Winter. Als hätte jemand sie vor langer Zeit abgestellt und sich selbst überlassen. Nicht nur, dass die Straße schon bessere Tage gesehen hat, nicht nur, dass sie provisorisch aussieht. Das tun solche Straßen immer. Man hat den Eindruck, als hätte jemand in schnellstmöglicher Zeit ein paar Häuschen zusammengezimmert und sie mit möglichst viel von dem angefüllt, worauf Touristen Lust haben könnten. Nein, irgendetwas anderes stimmt hier überhaupt nicht. Und auf einmal geht mir auf, was fehlt.

Ein Strand.

Hallo?

Die Wiege des Südens liegt nicht an einem Strand. Es ist sogar ziemlich weit bis zum nächsten Strand. Die norwegischen Pauschalreisepioniere hatten es damit wohl nicht so genau genommen. Heutzutage liegt ein Süden-Hotel am besten direkt *auf dem* Strand.

Die beiden Süden-Veteraninnen Hild Opdal und Aslaug Dahl betreuen seit den Sechzigerjahren skandinavische Touristen auf Mallorca. Aslaug Dahl wurde schon bald klar, dass ihr urskandinavischer Vorname ein wenig zu viel des Guten war. Deshalb nennt sie sich auf Mallorca einfach Maria Dahl. Hild und Maria erinnern sich noch an eine Zeit, als die Reise nach Mallorca ein Abenteuer war, eine Zeit, in der die Menschen es nicht so tragisch nahmen, wenn es weit zum Strand war. Es hat den Anschein, als hätte man damals vieles nicht so tragisch genommen. In den wenigen Hotels war Überbuchung normal, und jeder Winkel wurde ausgenutzt, um Gäste unterzubringen: Keller, Dachböden, Abseiten, das Schlafzimmer des Nachbarn. Für die Reiseleiter war es wichtig, die Rezeptionisten zu kennen, um Schlafplätze für ihre Gäste organisieren zu können. Wählerische Gäste, soweit es die gab, bezahlten bis zu dreihundert Kronen extra für ein Zimmer mit Toilette, was sonst nicht üblich war. Und dreihundert Kronen waren damals nicht gerade wenig. Die Beschwerden waren völlig andere als heute. Ein Paar, das wegen Überbuchung seines Hotels ein Upgrade erhielt, wurde in einem Zimmer in Mallorcas schickstem Luxushotel untergebracht. Nach einer Weile baten sie darum, das Hotel wechseln zu dürfen, weil der Luxusschuppen ihnen zu fein war.

Die, die kein Upgrade erhielten, wohnten in El Terreno. Hier lag die Villa Maria mit Zimmern für fünfundsiebzig Peseten. Hier lag die Villa Martha, betrieben von Vater, Mutter, drei Söhnen und einem Papagei, der auf Finnisch fluchen konnte.

Und irgendwo hier soll also das Ur-Süden-Hotel Pinar liegen. Aber wo? Niemand weiß, wo es liegt. Ich frage und frage. Ich zeige das winzige Bild aus dem Süden-Katalog von 1964. Niemand hat den Namen je gehört. Die Leute schütteln den Kopf. Dann zeige ich das Bild einem Polizisten. Er weiß, wo das Hotel liegt.

Prima. Ich wandere durch ein Viertel mit zwielichtigen Nachtclubs und suche nach einer Pension, die nur der Polizei bekannt ist. So viel zum Süden-Traum.

Ich schlage den Weg ein, den der Polizist mir gezeigt hat, und verliere mich in einer Fantasie darüber, dass das Pinar von einem sehr alten Mann betrieben wird, der sich in der Zeit nach dem ersten Touristenboom mit Zuhälterei und Drogenhandel ernährt hat. Ein stadtbekannter Gauner, den die Polizei gewähren lässt. Er stirbt sicher bald. Und dann kann das Pinar abgerissen werden.

Das erste, was ich in der Straße erblicke, in der das Hotel liegen soll, ist das »Soumalainen«, ein finnisches Café mit einer Speisekarte, die Steak mit Zwiebeln, belegte Brote, große Hamburger und Hähnchen anpreist, mit einem Bild an der Wand, das ein »Hasse from Finnland« gemalt hat, und sehr vielen spanischen Gästen.

Seltsam, dass keiner das Pinar wiedererkannt hat, als ich das Foto von 1964 vorzeigte, denn es hat sich überhaupt nicht verändert. Weiß, klein und gemütlich liegt es da. Auf der anderen Straßenseite – als wäre dies eine Art Freilichtmuseum zum Thema »Geschichte des Südens« – liegt Tryp Bosque, ein großes modernes Hotel mit Massen von Pauschaltouristen.

Es entbehrt nicht einer gewissen Ironie, dass das Pinar ein Hotel ist, dem der Süden-Tourismus über den Kopf gewachsen ist. Gleichzeitig ist es genau die Art von Unterkunft, die reiseerfahrene Touristen sich heute erträumen, ein Haus, das bei vielen Süden-Veteranen Wonnegefühle auslösen würde. Das Pinar hat alles, was als authentisch gilt. Es ist klein, still und ruhig. Es liegt in einem Wohnviertel, in dem auch echte Einheimische wohnen – oder wenigstens nicht weit davon entfernt. An der Rezeption sitzt ein älterer Mann. Er spricht etwas Englisch und erinnert sich daran, wie es hier in früheren Tagen war. Er zeigt mir auf Bildern, wie das Hotel früher aussah. Es sah, wie gesagt, genauso aus wie jetzt. Nichts hat sich geändert, abgesehen davon, dass irgendwann der Garten für einen Pool geopfert wurde. Hier scheint die Zeit wirklich stillzustehen. Ich glaube, sie haben nicht einmal Computer, aber vielleicht haben sie sie nur gut versteckt. Der alte Mann an der Rezeption heißt nicht Fernando, aber wir können es uns ruhig vorstellen. Und nur der guten Ordnung halber: Er betreibt weder Zuhälterei noch Drogenhandel. Nicht dass ich ihn geradeheraus gefragt hätte, aber ich habe so viel Menschenkenntnis, dass ich glaube, dies trotzdem behaupten zu können.

Gleich hinter dem Pinar beginnt ein Villenviertel. Dort liegt ein anderes der Hotels aus dem Katalog von 1964, das Araxa, das noch immer norwegische Süden-Touristen aufnimmt. Es ist sogar »ein gepflegtes und sehr beliebtes Hotel im ruhigen Villenviertel Son Armadams, nicht weit vom Stadtzentrum entfernt«, wenn man dem Star-Tour-Katalog Glauben schenken will. Dort liegt es, mitten im Wohnviertel, als hätte jemand es dort vergessen.

Und vielleicht ist es genau das. Ein Süden, den jemand vergessen hat. Als der Rest des Südens seine Badebälle zusammenpackte und zum Strand umsiedelte, hat jemand vergessen, dem Pinar und dem Araxa und dem *VG*-Verkäufer aus Vålerenga Bescheid zu sagen. Deshalb liegt ein Stück Süden noch immer mitten in einem Wohnviertel. Ein Süden, in dem du das Leben genießen und dich entspannen kannst, und falls es dir zu still und ruhig ist, kannst du dich damit trösten, dass das Vergnügungszentrum von El Terreno und das finnische Café Soumalainen ganz in der Nähe sind. Das Soumalainen ist praktisch eine Art Eckkneipe, die anscheinend reichlich Gäste aus der Nachbarschaft hat, finnische wie spanische. Nicht viele können damit prahlen, eine finnisch-spanische Eckkneipe zu haben. Wenn das nicht exotisch ist, was dann?

Sollte jemand die Absicht haben, das Pinar wieder in sein Pauschalreisenangebot aufzunehmen, hätte ich hier einen Vorschlag für den Katalogtext:

> »Im Hotel Pinar hat man das Gefühl, dass die Zeit stehengeblieben ist. Dieses idyllische Hotel liegt in einem ruhigen und authentischen mallorquinischen Wohnviertel, nur einen Steinwurf entfernt von allem, was der pulsierende Stadtteil El Terreno an spanisch-finnisch-schwedischer Gastronomie, mallorquinisch-vålerengschen Zeitungskiosken und leicht anrüchigen Nachtclubs zu bieten hat.«

Zehn Lokale in der Nähe der Plaza Gomila

Cafeteria Petter Pan

La Tasca Cyber-Gomila

Larson's Store
(der asiatische Gemischtwaren verkauft)

Hip Hop Pub Sombrero

Riki's Table Dance

Sexshop Amsterdam II

Nicki's Svenske Bar

Das finnische Café Soumalainen

Flesh!

Wow!

Zehn Lokale, über die sich in der Nähe der Plaza Gomila niemand wundern würde

Zur verrückten Gunilla
schwedisches Café und Pizzeria

Pekka & Toivonen
finnisches Restaurant und Pizzeria

Matti Nykänen
finnische Sportbar, Stripclub und Pizzeria

Rotterdam II
Sexshop und Pizzeria

Narvesen II
norwegischer Zeitungskiosk, Souvenirshop
und Pizzeria

Techno Mariachi
mexikanische Hausbar und Pizzeria

Jippi!

Yes!!

Jawoll!!

Pinar
authentisches Bordell, Drogenshop
und Pizzeria

Auf historisch schweinischem Boden

12 Wie alle anderen Länder hat auch der Süden seine Geschichte. Eines Tages werden die Menschen diese Geschichte vielleicht sogar zu schätzen wissen. Möglicherweise werden dann Führungen in dem Viertel um die Plaza Gomila angeboten. Und das Pinar wird vielleicht zum Charterreise-Museum umgebaut. Oder es wird ein Charterreise-Museum mit Pizzeria. In dem eine der Hauptattraktionen ein ausgestopfter federloser Vogel ist, dem Reiseleiter zufolge der erste Papagei auf Mallorca, der in fließendem Finnisch fluchte. Vielleicht werden eines Tages Ausflüge zu dem Ort veranstaltet, wo in früheren Zeiten – als es noch den guten altmodischen Chartertourismus gab – ein von nordeuropäischen Pauschaltouristen frequentiertes Lokal lag, in dem ein Mann namens Holger Stenersen aus Porsgrunn lokalen Mythen zufolge als erster Tourist in der Geschichte des Südens die magische Fünfzig-Halbliter-Grenze knackte. Vielleicht werden eines Tages historische Spiele aufgeführt, bei denen Einheimische geschmint und verkleidet als naive Skandinavier in Schlaghosen für Unterhaltung sorgen.

All dies ist nicht so weit hergeholt, wie es den Anschein haben mag.

Eine kleine Bustour von Palma und damit notwendigerweise auch eine kleine Bustour von den meisten anderen Orten auf Mallorca entfernt (Bustour ist die offizielle Maßeinheit für Abstände im Süden – Kilometer, Meilen und natürlich auch Adressen sind sinnlos, weil man sowieso im Bus hintransportiert wird) liegt auf dem Gelände eines ehemaligen Olivenguts das Show-Restaurant Son Amar. Sämtliche Reiseveranstalter auf Mallorca bieten Ausflüge dorthin an. Ving und Star Tour machen dabei auf ein alles andere als unwesentliches Detail aufmerksam: Das Son Amar war der weltweit erste Veranstalter von Schweinefesten. Ob es wirklich der erste war oder ob das Son Amar nur eines von mehreren Lokalen ist, die dies für sich beanspruchen, will ich mal dahingestellt sein lassen. In solchen Streitfällen ist Vorsicht geboten.

Das Schweinefest ist ein vom Aussterben bedrohter Süden-Brauch, und Son Amar ist heute etwas völlig anderes als damals. Aber was den Süden betrifft, ist dies historischer Boden. Historisch schweinischer Boden. Leute, die eine Zeitlang im Süden gelebt haben, erinnern sich an die guten alten Tage mit Kotztüten im Bus, offenen Zapfhähnen und erwachsenen Menschen, die sich gegenseitig mit Kartoffeln und Spanferkelstücken bewarfen.

Im Informa-Katalog von 1969 war zu lesen:

»Gemütlicher Abend im Son Amar: In dieser ehemaligen Olivenplantage verbringen wir einen Abend und genießen interessanten, mit Kräutern gewürzten mallorquinischen Rotweinpunsch, Spanferkel vom Spieß und Wein. Musik, Gesang und Tanz. Preis circa fünfunddreißig Kronen.«

Dies ist – und ich gehe davon aus, dass die meisten meiner Leser das inzwischen gelernt haben – Südisch und bedeutet: »Saufen, was das Zeug hält«.

Das Schweinefest belegte viele Jahre lang einen souveränen ersten Platz bei den Ausflügen. Der Tiefpunkt des Urlaubs war zugleich sein Höhepunkt. Diese Massenauftriebe, die oft in mittelalterlichem Ambiente stattfanden, damit man einen hauchdünnen kulturellen Vorwand hatte und die Gäste nachher behaupten konnten, sie hätten ihre mittelalterliche Seite ausgelebt, entwickelten sich schnell zur perfekten Parodie des Pauschaltourismus. Das Mittelalterliche reduzierte sich schon bald auf das Eine, nämlich dass man in möglichst kurzer Zeit möglichst viel möglichst schlechten Wein in sich hineinschütten sollte, bis der Reiseleiter erklärte, dass Feierabend sei, und man gehorsam zum Bus torkelte. Heutzutage gibt es für diese Form von institutionalisiertem Besäufnis wesentlich weniger Bedarf, da die Menschen gelernt haben, sich über das ganze Jahr in kleinen Dosen abzureagieren, statt alles in ihrem Urlaub an einem armen Schwein auszulassen.

Die finnischen Soziologinnen Eeva Jokinen und Soile Veijola haben dem Phänomen des Schweinefests eine Studie gewidmet. Sie dürften bei der Feldforschung etwas seltsam gewirkt haben, wie sie bei den Festen an ihrem Tisch saßen, Wasser tranken und über symbolisches kollektives Handeln diskutierten. In ihrer Studie deuten sie an, dass das sogenannte Bürgertum das Schweinefest wahrscheinlich nötiger hat als die Teilnehmer des Festes. Denn der Hass auf das Schweinefest verbindet. Die Forscherinnen meinen auch, dass die Erniedrigung in der Gruppe gleichermaßen faszinierend wie abstoßend auf die Menschen wirkt. So muss das Schweinefest überlebt haben.

Nachdem die anfängliche Faszination für fremdländisches Saufen in mittelalterlichem Ambiente zu schwinden begann, müssen die Schweinefeste aus alter Gewohnheit oder mangels neuer Einfälle weitergegangen sein. Mit der Zeit dürften immer mehr Leute gekommen sein, die nicht in erster Linie am Schweinefest teilnehmen, sondern vor allem sehen wollten, ob es wirklich so schlimm war, wie manche Leute sagten. Sie fanden es bestimmt schlimm, aber gleichzeitig auch ziemlich komisch.

Noch heute wird oft auf das Schweinefest hingewiesen, wenn es darum geht, wie tief man als Gast in einem anderen Land sinken kann. Aber in Wahrheit scheinen die meisten Süden-Touristen seit Langem das Interesse an Schweinefesten verloren zu haben. Heute sind die Schweinefeste so selten und schwer zu finden, dass sie vielleicht bald als etwas Authentisches gelten werden.

Einer der wenigen Orte, an denen noch immer klassische Schweinefeste veranstaltet werden, ist Gran Canaria. In der Casa Antonio werden seit 1962 Schweinefeste arrangiert. Die Gäste werden von einem beeindruckend herzlichen Antonio empfangen, der die Frauen auf die Wangen küsst. Antonio steht im Guinness-Buch der Rekorde als der Mann, der weltweit die meisten Frauen auf die Wangen geküsst hat.

Das vielleicht Fesselndste an diesem Fest ist die Tatsache, dass alles genau so ist, wie es sein soll. Es ist die ganze Zeit von allem zu viel. Im Bus dorthin wird dir erzählt, dass du dir, falls du während des Festes auf dem Trockenen sitzen solltest, einfach eine leere Flasche auf den Kopf stellen und der Reiseleiterin (die wir Line nennen) zurufen sollst:

»Line, Line, du bist fein,
bring uns noch ein bisschen Wein!«

* * *

Der Prozentsatz von Norwegern, die so etwas ohne eine Spur von Ironie schaffen, muss heute viel niedriger sein als vor zwanzig Jahren. Das kann man als positive oder als negative Entwicklung sehen. Ungeachtet dessen dürften die wenigen verbliebenen Schweinefeste bereits jetzt als besondere Attraktion gelten, als ein Teil des Süden-Lebens, den es bald nicht mehr geben wird. Sicherlich gab und gibt es ein Bedürfnis, im Urlaub ordentlich Dampf abzulassen, aber die Menschen finden heute andere Möglichkeiten sich abzureagieren als beim Schweinefest.

Wenn das Schweinefest stirbt, stirbt auch eins der am häufigsten benutzten Argumente gegen den primitiven Pauschaltourismus. Gleichzeitig stirbt ein kleines Stückchen jüngere Zeitgeschichte, ein Brauch aus der Zeit, als ein Urlaub im Ausland noch eine so großartige Sache war, dass man sich jedes Mal so aufführen musste, als könnte es das letzte Mal sein.

* * *

Man sollte sich allerdings die Frage stellen, ob es wirklich ein Fortschritt ist, dass ehemalige Schweinefestveranstalter zu Show-Restaurants werden. Der Schweinefestklassiker Son Amar auf Mallorca nennt sich nämlich inzwischen Show-Restaurant. Oder »Restaurant Espectaculo«. Was bedeutet, dass jeden Abend über tausend Gäste mit Bussen hierherkommen, um eine sehr lange, von Las Vegas inspirierte Show mit furchtbar vielen Menschen auf der Bühne und sehr viel knalligen Lichteffekten anzusehen. Wäre ich im Geringsten zynisch veranlagt, würde ich sagen, dass das Unterhaltsamste an einem Abend im Son Amar ist, sich all die Menschen anzuschauen, die hinterher ihren Bus suchen.

Wenn du am Son Amar eintriffst und vor dem Eingang die Feuerstelle siehst, wo früher das Schwein gegrillt wurde, bekommst du Lust, einen kleinen Moment innezuhalten und an all deine Landsleute zu denken, die über die Jahre hinweg beinahe hier ins Feuer gefallen wären. Du bekommst Lust auf einen kleinen Drink zum Anstoßen, und vielleicht verdrückst du eine kleine Träne für einen Süden-Brauch, der bald der Geschichte angehören wird. Du bekommst Lust, einen Moment zu verweilen und darüber nachzudenken, dass hier, genau hier, viele aus der Generation meiner Eltern, vielleicht sogar Leute, die ich kenne, zum ersten Mal in ihrem Leben alle Hemmungen verloren haben. Vielleicht auch zum letzten Mal.

Doch für so etwas hast du keine Zeit. Vom Bus wirst du direkt zum Eingang geführt, wo dir jemand eine Eintrittskarte in die Hand drückt. Du wirst zu einem Tisch gebracht und auf einen Stuhl gesetzt. Und da hast du gefälligst sitzen zu bleiben. Im Son Amar will man auf gar keinen Fall riskieren, dass die Touristen sich frei bewegen, sich verirren und eine Viertelstunde später auf der Bühne wieder auftauchen und die Flamenco-Nummer durcheinanderbringen.

Im Son Amar wird noch heute Schwein serviert. Unter anderem. Du bekommst ein Stück Cervelatwurst, den Schenkel eines verendeten Huhns, das härteste Brot auf Mallorca, ein wenig Schweinefleisch und Eistorte. Dafür, dass es sich um ein Restaurant Espectaculo handelt, hört sich dies nicht gerade spektakulär an. Das Spektakuläre ist, dass du dies alles in vierzehn Minuten essen musst, während gleichzeitig ein kahlköpfiger Mann in einem Leopardendress darauf besteht, dass alle »Delilah« mitsingen. Der Mann im Leopardendress leitet das gemeinsame Singen. Nichts gegen gemeinsames Singen, es ist nur ein wenig unpraktisch, wenn man dabei den Mund voller Schweinefleisch hat.

Der Mann im Leopardendress schaut in seine Papiere und sagt: »Ich sehe, wir haben heute Abend einige Engländer unter uns.« Alle Engländer jubeln und winken mit ihren Servietten. Wo lernen die Leute sowas? Offenbar wussten alle Engländer, bevor sie herkamen, dass sie mit ihren Servietten winken sollten, wenn der Mann im Leopardendress sie aufrief. Gibt es eine Schule, von der ich nichts weiß? Oder liegt es nur an mir, weil ich zu selten in spektakuläre Restaurants gehe? Dann singt der Mann im Leopardendress ein englisches Lied, das alle können. »Außerdem sind ein paar Iren hier«, sagt er. Die Iren winken mit den Servietten, und dann singt er ein irisches Lied, das alle kennen (»The Irish Rover«). »Und Skandinavier«, sagt er so schnell, dass wir nicht dazu kommen, mit den Servietten zu winken, weil wir gerade erst verstanden haben, dass wir das sollen. Jetzt singt er ein skandinavisches Lied, das alle kennen. Es ist das Grand-Prix-Gewinnerlied »Fly on the wings of love« von den Olsen-Brüdern. Es wäre interessant zu hören, was er singt, wenn der Saal voller Schweizer ist.

Der Rest der abendlichen Show ist nicht leicht zu beschreiben, aber ich will es versuchen. Ich glaube, die Show wurde bei einem Brainstorming konzipiert, wo sich ein Unbefugter eingeschlichen hatte, der auf irgendeiner Modedroge war. Jedenfalls muss er mit weit geöffneten Augen dagesessen und in einem höllischen Tempo die wildesten Vorschläge ausgespuckt haben: »Fünfzig Leute auf die Bühne«, rief er, »als wilde Tiere verkleidet! Und Flamenco! Flamenco ist geil. Oder was in der Art, wo sie die ganze Zeit mit den Füßen stampfen. Sowas Irisches. Riverdance! Das ist krass. Nein, nein, nein, wartet! Wir machen ein Musical. Übrigens ist Comedy gerade schwer angesagt. Clowns. Ich liebe Clowns! Und starke Männer. Starke Männer, die schwere Sachen heben. Kriegen wir es hin, Leute in der Luft schweben zu lassen? In selbstleuchtenden Anzügen? Geht das? Das ist echt cool. Maskenball! Ich will einen Maskenball. Und eine Lichtshow. Oder so Fontänen, die im Takt der Musik spritzen und leuchten.

Das ist saugeil! Nein, jetzt hab ich's! Wir treiben eine alte Band auf. Richtig alt. Sechzigerjahre! Fünfzigerjahre!«

Alle Ideen dieser Person wurden aneinandergereiht. Als Abschluss des Abends – vor den Fontänen und der klassischen Musik und nach den als Iren, Spanier, schwebende Objekte und wilde Tiere verkleideten Tänzern – sangen die Reste der Gruppe The Drifters ihre Songs. Falls du dich gefragt haben solltest, wo die eigentlich gelandet sind, weißt du es jetzt.

Wir können also festhalten, dass das Son Amar von einem Lokal, in das die Leute kamen, um sich heftig zu betrinken, zu einem Ort mutiert ist, in das die Menschen kommen und sich wünschen, heftig betrunken zu sein.

Hinterher werden alle Touristen zum ersten Mal an diesem Abend sich selbst überlassen und irren orientierungslos auf dem enormen Parkplatz umher, um herauszufinden, welcher der achtzig Busse ihrer ist.

Da es einige Zeit dauern wird, bis alle ihren Platz gefunden haben, nutze ich die Gelegenheit, nach Spuren der Schweinefest-Vergangenheit zu suchen. Ich finde nichts. Nicht einmal eine Gedenkplakette. Ich bin mir sicher, dass es damals jemanden gab, der sie verdient hätte. »Hier ruhte Knut Anders Johansen nach dem Schweinefest 1976«, könnte beispielsweise auf einem der großen Steine vor dem Hauptgebäude stehen. Nur um ein wenig Respekt zu zeigen. Und auf dem Parkplatz könnte stehen: »Hier stand ein Bus mit norwegischen Touristen, die sich mit Kartoffeln und Spanferkel-Resten bewarfen, während der Reiseleiter sich verzweifelt fragte, wo Knut Anders Johansen abgeblieben war.«

Erster Anfall von Süden-Paranoia

13 Maria schaut auf die Uhr. Dies ist vielleicht nicht ihr Traumjob, aber er bringt genug ein, um die Rechnungen zu bezahlen, und nicht jeder kann in der Arbeitszeit seine Lieblingssendungen gucken. Wenn sie Abendschicht hat, achtet Maria immer darauf, ihre Arbeitseinheiten in die Werbepausen zu legen.

Der Film ist zu Ende. Ein guter Film, aber mehr auch nicht. Kein Film, bei dem sie ins Träumen gerät, wie es sonst manchmal vorkommt. Dann vergisst sie ganz, dass sie einen Job zu erledigen hat, und bleibt sitzen und denkt an alles, was war und was hätte sein können. Eigentlich ist Maria sensibel und still. Dieses Schreien, das ist überhaupt nicht ihre Art. Aber Job ist Job.

Sie nimmt einen großen Schluck aus dem Wasserglas, das immer neben der Balkontür steht, wenn sie Abendschicht hat. Dann tritt sie auf den Balkon und schreit. Ruft und schreit und gestikuliert.

Es verfehlt seine Wirkung nie. Die Touristen bleiben stehen. Viele schießen Fotos. Oft tun sie so, als fotografierten sie etwas ganz anderes, um das alltägliche Leben nicht zu stören.

Fernando, der Marias charmanten, aber flegelhaften Sohn spielt, steht auf der Straße und schreit zurück. Maria hat Fernando inzwischen ganz gern und denkt nur positive Dinge über ihn, während sie auf dem Balkon steht und ihn ausschimpft. Er hat den Sommerjob als ihr flegelhafter Sohn die letzten vier Jahre gemacht. Im nächsten Jahr wird er bestimmt ausgetauscht, denkt Maria traurig, während sie ihm hässliche Dinge an den Kopf wirft. Er wird allmählich zu groß für den Job.

Am Anfang haben sie sich immer ans Manuskript gehalten. Nicht weil sie es mussten. Die Manuskripte der Behörden waren nur Vorschläge. Sie durften improvisieren, und nach und nach entwickelten Maria und Fernando ihr eigenes Spiel. Sie fingen damit an, die Touristen zu kommentieren, die ihnen zusahen. »Guck mal, was der Kahlköpfige da für einen Sonnenbrand auf der Glatze hat!«, rief Maria wütend auf Spanisch, während ein Typ mit Glatze und Sonnenbrand seine Frau anstieß und heimlich ein Foto machte, weil er glaubte, Zeuge einer authentischen mallorquinischen Alltagsszene zu sein.

Mit der Zeit haben sie ihren Auftritt verfeinert. Sie stellen einander vor kleine Herausforderungen. Einmal riefen sie sich gegenseitig den Text des spanischen Beitrags zum European Song Contest zu. Während die Touris Fotos machten und glaubten, dass sie sich beschimpften. Die Touris können heutzutage besser Spanisch als früher, sie müssen also ein wenig aufpassen, aber es kommt äußerst selten vor, dass sie entlarvt werden. Wenn Fernando im nächsten Jahr ausgetauscht wird, muss Maria mit einem neuen Jungen ganz von vorne anfangen.

Maria und Fernando sind nicht die einzigen, die vom Manuskript abweichen. Fast alle, die auf Mallorca als keifende

Balkonmütter und ihre rotzfrechen Söhne arbeiten, tun es. Wenn sie sich bei der Gewerkschaft treffen, tauschen sie Geschichten aus. Maria wird sich bestimmt auch mit Fernandos Nachfolger arrangieren. Dennoch wird sie ihn vermissen.

Die Werbepause ist gleich vorbei.

»Danke für heute, Fernando, jetzt geh ich rein und guck *Friends*!«, schreit Maria und schlägt sich an die Stirn.

»Ich finde, *Friends* hat nachgelassen!«, schreit Fernando zurück, schüttelt den Kopf und spuckt in Richtung des Balkons.

AUS DEM REISETAGEBUCH
MALLORCA

Tag 3

Heute Paella gegessen.
Gut, wenn man wieder etwas abhaken kann.

Abendnachrichten mit Promille

14 In Magaluf liegt die norwegische Kneipe Gjökeredet (Kuckucksnest) mit norwegischem Personal,
norwegischer Karte (u. a. Würstchen mit Kartoffelfladen, norwegisches Labskaus und Kaffee mit Selbstgebranntem), norwegischem Fernsehen und folgendem Nachmittagsangebot: Trink für hundert Kronen so viel Bier vom Fass, wie du
in drei Stunden schaffst.

Viele finden es albern, ins Ausland zu fahren und sich dort
genauso zu benehmen wie zu Hause.

Doch in Wahrheit benimmt man sich zu Hause nicht so. In
Wahrheit existieren Lokale wie Gjökeredet in Norwegen nicht.
Es gibt in Norwegen keine Kneipen, in denen du einen Kaffee
mit Selbstgebranntem und ein Labskaus bestellen und dich mit
beschwipsten Landsleuten in Shorts durch die norwegischen
Fernsehnachrichten jubeln kannst. Lokale wie Gjökeredet sind
nicht norwegisch, sondern südisch-norwegisch. Die Gäste dort
benehmen sich nicht so, wie Norweger sich zu Hause benehmen.

Ganz im Gegenteil, sie benehmen sich wie Norweger, die nicht zu Hause sind. Sie benehmen sich wie Norweger auf Süden-Tour.

Manche Menschen besuchen pädagogische Themenparks, um etwas über andere Länder zu lernen, zum Beispiel das Epcot-Center in Florida, wo du mehrere Stunden Schlange stehen kannst, um zu lernen, dass die Engländer in Beefeater-Uniformen herumlaufen, die Deutschen Bier trinken und die Skandinavier lange blonde Zöpfe haben.

Dabei ist es viel unterhaltsamer, auf Mallorca unterwegs zu sein und die Orte aufzusuchen, wo der Süden wirklich so ist, wie er deiner Ansicht nach sein sollte, wo Menschen sich tatsächlich so benehmen, wie Süden-Touristen sich deiner Ansicht nach benehmen sollten. Und tatsächlich gibt es sie noch, diese Süden-Touristen.

An solchen Süden-Orten kannst du auch etwas über andere Länder erfahren. Weil die Touristenstädte entlang der Bucht von Palma geprägt sind von Touristen aus ganz Europa, kannst du dort kondensierte Klischeeversionen verschiedener Länder erleben, und zwar auf eine Art und Weise, die entschieden lustiger ist als jeder Themenpark. Gleich östlich von Palma, in S'Arenal, gäbe es eine Klischeeversion von Deutschland zu erleben, wenn einem der Sinn danach steht. Westlich von Palma findet man die Klischeeversionen von Großbritannien und Skandinavien.

Du kannst dich zum Beispiel relativ lange in Palma Nova aufhalten, ohne eine andere Sprache als Englisch zu hören. Und wenn du in diesem Ort herumläufst, wirst du schnell das Gefühl bekommen, dass man dir Bacon & Eggs servieren wird, egal durch welche Tür du gehst. Ich bin mir sicher, dass selbst das Chinarestaurant in Palma Nova Bacon & Eggs auf der Karte hat. In diesem Ort liegen eine Menge englischer Cafés und Pubs Tür an Tür, und überall kann man sich im Fernsehen englischen Sport anschauen. Das Pub Rusty's zeigt sogar englische Soaps, damit man in seinen vierzehn Tagen auf Mallorca nicht eine einzige Folge von *Eastenders*, *Coronation Street* oder *Emmerdale* verpasst. Ein Pub in Magaluf ist nach einer dieser Serien benannt, Eastenders Fun Pub. Dort kannst du jeden Abend *Big Brother* auf Englisch sehen.

Magaluf ist der etwas (aber nur etwas) jugendlichere und sehr viel großkotzigere Nachbar von Palma Nova. Hier wimmelt es von englischen und skandinavischen Lokalen, die mehr oder weniger stolz die Klischees über ihr Heimatland weitertragen. Zum Beispiel das Klischee, dass britische wie skandinavische Süden-Touristen gern so viel Alkohol wie möglich trinken. Hier ein vielsagender Auszug aus der Speisekarte der Alex British Bar in Magaluf:

> Litre of cocktails
> Bucket of cocktails
> Litre of Sangria
> Pint of fucking mental
> Pint of vodka and red bull

In Magaluf gibt es so viele skandinavische Lokale, dass du sie unmöglich an einem Abend schaffst, es sei denn, du bestellst nichts und redest mit niemandem. Beides ist nicht unklug.

Gjökeredet ist ein guter Startpunkt für eine Kneipenrunde im skandinavischen Magaluf, weil es dieses verlockende Nachmittagsangebot hat. Die Wörter »Trink so viel du kannst« haben eine so starke Wirkung auf die Menschen, dass ich mich frage, ob es hier am Nachmittag nicht genauso voll wäre, wenn das Angebot lautete: »Trink so viel Bier vom Fass, wie du kannst, für tausend Kronen«. Aber das Angebot heißt nun einmal: »Trink so viel du kannst für hundert Kronen«, und das ist sicher einer der Gründe dafür, dass hier nach der Strandzeit ordentlich Betrieb ist, dass viele Gäste das Abendessen vergessen oder ausfallen lassen und dass einige Gäste ungewöhnlich früh am Abend anfangen, sich auszuziehen und Dinge umzuwerfen. Norwegen ist nicht nur dadurch präsent, dass norwegisches Fernsehen läuft und die Bar Labskaus und Kaffee mit Selbstgebranntem serviert, sondern auch durch ein Plakat der norwegischen Tanzband Ole Ivars mit Autogrammen, das auf dem Weg zur Toilette hängt. Ich frage mich, ob die Bandmitglieder vielleicht gehofft haben, dass das Plakat etwas zentraler platziert wird, als sie es unterschrieben haben. Außerdem wird viel norwegische Musik gespielt, unter anderem »Palma de Mallorca« von Trond Erics. Es ist merkwürdig, aber irgendwie passend, zusammen mit Norwegern in einer Bar auf Mallorca zu sitzen und auf Norwegisch ein Lied darüber zu singen, dass man jetzt auf Mallorca sein sollte.

Auf der anderen Straßenseite liegt das schworwegisch-dänische Restaurant Trollstugan (Trollhütte), das mehr schwedisch als norwegisch und dänisch ist, aber mit gerade so vielen norwegischen und dänischen Flaggen und Wimpeln versehen ist, dass sich niemand ausgeschlossen zu fühlen braucht. Auf Plakaten wird auf Schwedisch hausgemachtes Essen zu reellen Preisen angepriesen, an den Wänden hängen handschriftliche Grüße mehr oder weniger obskurer skandinavischer Fußball- und Eishockeymannschaften, die Kellner sind Skandinavier oder Spanier, die fließend Süden-Skandinavisch sprechen, und ansonsten ist der Raum mit Zeichnungen witziger Trolle gepflastert. Einige davon mit Ohrringen, aus etwas unklaren Gründen. Im Trollstugan hatte ich zunächst den Eindruck, dass selbst die Kleinsten vom kulturellen Austausch bei einer Tour nach Magaluf profitieren können, als nämlich ein kleines englisches Mädchen begeistert auf einen Troll an der Wand zeigte und die Erwachsenen lächelnd ein Foto davon schossen. Gerade wollte ich eine Vorlesung über die reiche skandinavische Trollkultur halten, als die Mutter erklärte, das kleine Mädchen sei so begeistert, weil der eine Troll ihrem Großvater so ähnlich sehe. Nur dass der Großvater keinen Ohrring trage.

Das Trollstugan ist zusammen mit Det Glade Hörnet (Zur fröhlichen Ecke) so ziemlich das familienfreundlichste skandinavische Lokal in Magaluf. Gjøkeredet ist so ziemlich das beste Lokal, wo du früh am Tag mit seriösem Trinken anfangen kannst. Andere skandinavische Lokale öffnen spät und schließen absurd spät. So wie Den Glade Viking (Der fröhliche Wikinger).

Schon der Name sagt einiges aus.

Einerseits ist »Den Glade Viking« natürlich eine recht genaue Zusammenfassung dessen, was das Lokal sein will, nämlich ein Ort für Menschen aus der Heimat der Wikinger, die in die Welt hinausreisen und dabei gern ein bisschen hemmungslos und laut sind. So wie damals mit den Wikingern ist es auch mit den heutigen jungen Süden-Touristen aus Skandinavien: Wir hinterlassen vielleicht hier und da ein paar Scherben, doch niemand kann uns unsere gute Laune nehmen und die Fähigkeit, ordentlich zu feiern. Andererseits ist der Name »Den Glade Viking« für eine Bar genauso verrückt, als würde man einen Club »Der nette Gewalttäter« nennen.

Aber es geht darum, einen Namen zu finden, der auf einfache Art und Weise signalisiert, worum es geht. Und wenn man nicht auf die Wikinger zurückgreifen will, wie soll eine norwegische Bar dann heißen? A-ha? Henrik Ibsen Dancing?

Außerdem ist Den Glade Viking keine norwegische Bar. Den Glade Viking ist norwegisch für einen Norweger, aber schwedisch für einen Schweden. Die Musik ist in erster Linie schwedisch, weil alle Norweger schwedische Popmusik kennen, aber nur schwedische Loser norwegische Popmusik kennen.

Den Glade Viking öffnet um neun Uhr abends und schließt um fünf Uhr morgens oder später. So steht es auf einem Zettel an der Tür. Das Lokal ist sparsam möbliert, damit reichlich Platz bleibt, auf dem Fußboden zu tun, wozu man Lust haben könnte. Die Fotos an den Wänden zeigen, dass die Bar im Lauf der Jahre von dem schwedischen Fußballstar Fredrik Ljungberg und einer stattlichen Anzahl nicht ganz so prominenter junger Männer und Frauen besucht wurde, die gerne ihre Brüste und Geschlechtsorgane präsentieren. Die Gäste selbst sorgen also für einen großen Teil der Kunst an den Wänden. Und sie sorgen selbst für die Unterhaltung auf dem Fußboden. Die Barkeeper sorgen lediglich für den Treibstoff.

Wenn du in Den Glade Viking sitzt und der Jugend bei ihrem Treiben zusiehst, fragst du dich natürlich, ob du dich nicht wie ein verantwortungsbewusster Erwachsener verhalten und dem einen oder der anderen einen guten Rat erteilen solltest, zum Beispiel: »Traue niemandem, der dir viele türkisfarbene Drinks in kleinen Gläsern serviert.« Doch dann stellst du fest, dass du dich eigentlich gar nicht wie ein verantwortungsbewusster Erwachsener fühlst. Nicht nur, weil du selbst mehrere türkisfarbene Drinks in kleinen Gläsern angenommen hast (sie waren sogar *gratis*!), sondern auch, weil du viele von den Songs, die gespielt werden, auswendig kannst und mitsingst. Denn in diesem scheinbar jugendlichen Lokal spielen sie »La det swinge«, sie spielen »Sommartider«, und sie spielen »The Final Countdown«. Es ist wirklich wahr. Die Mehrzahl derer, die hier tanzen und mitsingen, war nicht einmal geboren, als die Band Gyllene Tider den Song »Sommartider« herausbrachte. Ich befürworte durchaus, dass der Jugend auf diese Weise ein bisschen Unterricht in skandinavischer Kulturgeschichte zuteilwird und ihr damit erspart bleibt, in dem Irrglauben aufzuwachsen, dass »Europe« nur der englische Name unseres Kontinents ist. Der Grund, warum die jungen Leute, die in Magaluf Urlaub machen, zu dieser Musik singen und tanzen, ist nicht, dass sie eine besondere Achtzigerjahre-Nostalgie hätten. Der Grund ist auch nicht, dass sie sich einfach so aufführen wie zu Hause. Nein, sie führen sich auf, wie man sich im Süden aufführt. In norwegischen Lokalen in Norwegen wirst du keine Scharen modebewusster Neunzehnjähriger finden, die vor Begeisterung über einen norwegischen Grand-Prix-Song von 1985 außer sich geraten.

So ist es überall in Magaluf. Aus allen Bars und Pubs kommt Musik, aber es sind fast keine aktuellen Songs. Du hörst vielleicht den einen oder anderen Hit des Jahres, aber weitaus mehr Hits, die zwei oder drei Jahre alt sind. Du hörst viel Musik aus den Neunzigerjahren und noch mehr Musik aus den Achtzigerjahren.

Dies liegt sicher daran, dass in den Achtzigerjahren eine Menge Musik entstanden ist, die sich gut als Partymusik eignet. Dann tauscht man sie nicht einfach gegen etwas Neues aus, nur weil es neu ist. Hier gelten andere Regeln. Hier verhält man sich nicht wie sonst. Hier verhalten sich weder junge noch alte norwegische Touristen wie Norweger. Sie verhalten sich wie eine Parodie auf Norweger, wie Supernorweger, wie Zeichentricknorweger. Wenn du einmal das dringende Bedürfnis verspüren solltest, wie die Parodie eines Norwegers zu leben, dann ist Magaluf der perfekte Ort dafür. Man sollte es unbedingt ausprobieren, zumindest für einen Abend. Es sollten viel mehr Menschen ausprobieren, die Fernsehnachrichten mit diversen Promille intus anzuschauen. So viel habe ich noch nie aus einer halben Stunde mit dem Nachrichtensprecher Ingolf Håkon Teigene mitgenommen.

Das ist Absolute Norway, Absolute Scandinavia, ein Themenpark mit Bewirtung. Die Leute verhalten sich wie Süden-Touristen. In Magaluf habe ich einen Familienvater mit Frau und Kind in einem Café gesehen. Er saß neben seiner Frau und trug ein T-Shirt mit dem Text: »Nichts macht Frauen schöner als Alkohol«.

Das ist Süden-Norwegen. Es ist nicht norwegisch, sondern Süden-norwegisch. (Nicht anders verhält es sich mit den englischen Orten, die alle miteinander so wirken, als handelte es sich um all-inclusive-Lösungen, bei denen du so hyper-englisch sein kannst, dass dir die *beans on toast* aus den Ohren kommen.)

Natürlich kann man auf Mallorca echt skandinavisch leben, wenn man das aus welchem Grund auch immer will. Mallorca hat eine skandinavische Schule, eine skandinavische Kirche, skandinavische Vereine, eine skandinavische Zeitung, ein skandinavisches Kaufhaus, einen skandinavischen Arzt, eine skandinavische Autovermietung (!) und einen skandinavischen Anwalt. Doch das ist die langweilige Art und Weise, im Ausland Skandinavier zu sein. Und darum geht es in Orten wie Magaluf nicht. In Magaluf geht es darum, Norweger zu spielen, ein paar Wochen lang Süden-Tourist zu spielen. So wie ganz Magaluf Süden zu spielen scheint.

Und falls irgendwelche Zweifel bestehen sollten: Dieser skandinavische Süden verfügt über eine gehörige Portion selbstironischen Humor. Während die im Ausland ansässigen Norweger in Geschichten oft als selbstgefällig dargestellt werden, hat der norwegische Süden-Tourist oft ein freundliches Grinsen auf den Lippen. Wenn du die Selbstironie in Süden-Skandinavien anzweifelst, genügt ein erneuter Blick auf die Speisekarte des Gjøkeredet: Kaffee mit Selbstgebranntem, Würstchen mit Kartoffelfladen und Labskaus. Diese Karte ist nicht in einem Anfall überschäumenden Nationalgefühls entstanden. Nein, sie wurde mit einer humoristischen Einsicht in norwegische Klischees und Klischees über Norweger im Süden entworfen. Gjøkeredet hat auch ein Wurstwettessen im Programm. Der momentane Wurstkönig heißt Krister, und sein Rekord liegt bei achtzehn Würstchen mit Fladen. Auf der Homepage von Gjøkeredet kann man lesen, dass Krister sich gegen einen doppelt so schweren Gegner durchsetzte, und man erfährt, dass der alte Würstchenkönig Bimbo Helmut abgedankt hat.

Die wenigsten verstehen, dass man sehr wohl ironisch und herzlich zugleich sein kann. Dabei ist es nicht einmal besonders schwierig. Außerdem ist es in der Regel ziemlich lustig. Ich glaube, dass etliche Besucher von Schweinefesten viel Spaß dabei haben, was jedoch nicht heißt, dass sie nicht imstande wären, die absurden Seiten daran zu sehen. Ich glaube sogar, dass diese Erkenntnis dazu beiträgt, ihren Spaß noch zu steigern. Dass sie überhaupt etwas so Wahnwitziges machen wie auf ein Schweinefest zu gehen, ist schon an sich lustig und ein Teil des Erlebnisses.

In dem spektakulären Show-Restaurant und Ex-Schweinefestlokal Son Amar konnte man bei vielen Engländern das ironische Lächeln nicht übersehen, als sie auf Kommando mit ihren Servietten winkten. Aber es war ein gutes ironisches Lächeln. Es war ein zufriedenes ironisches Lächeln. Die Ironie kann dir Zugang zu einer Sache verschaffen, die du sonst nicht tun würdest und die sich letztlich als ziemlich lustig herausstellt. Man kann durchaus wissen, dass man sich wie ein Bekloppter benimmt, und trotzdem Spaß daran haben.

Wer in Spanien Zeuge eines norwegischen Würstchenwettessens wird, lässt sich bestimmt von Kristers Kampf gegen seinen dicken Gegner mitreißen. Das bedeutet keineswegs, dass man aufhört, ein norwegisches Würstchenwettessen in Spanien für einen total absurden Einfall zu halten. Im Gegenteil, das steigert den Erlebniswert.

Wer in Spanien Zeuge eines norwegischen Würstchenwettessens wird und einfach vorbeigeht, dem ist nicht zu helfen.

Auch Süden-Pensionäre schaffen beides. Im Son Amar saßen zwei englische Freundinnen von Ende Sechzig an unserem Tisch. Sie grinsten spöttisch, während sie parodierend auf die nicht gerade subtil flirtenden, schweißglänzenden Flamencocharmeure ein-

gingen. Sie drohten damit, die modernen Tänzer mit den steinhar-
ten Brotkanten zu bewerfen. Ein bisschen, weil sie (aus gutem
Grund) die modernen Tänze nicht mochten, ein bisschen, weil sie
das Brot nicht mochten (ein noch besserer Grund), und ganz besonders, weil es Spaß machte, sich an einem Ort zu befinden, wo
man dergleichen tun kann, selbst wenn man alt genug, nüchtern
genug und gut genug erzogen ist, um es besser zu wissen.

Dann betraten The Drifters die Bühne, und die Freundinnen waren im unironischen siebenten Himmel.

* * *

Im Jahre 1996 rissen die Behörden in Magaluf zwanzig Hotels
ab, um sie durch exklusivere zu ersetzen, in einem Versuch, Ma-
galufs Image aufzupolieren. Es sieht nicht danach aus, als hätte
es funktioniert. Magaluf ist nach wie vor der Ort, wo der Süden
aus den Geschichten und die Klischees überlebt haben.

Es muss gesagt werden, und jetzt sage ich es:

Hier scheint die Zeit stehengeblieben zu sein.

Die Lokale in Magaluf sind da, damit Touristen Süden-
Touristen sein können. Es gibt Bars in Magaluf, die sich bri-
tisch-skandinavisch nennen, um auf der sicheren Seite zu sein.
Und es gibt Restaurants, die versuchen, so viele Nationalitäten
wie möglich auf einmal anzusprechen. Das Restaurant El Mundo
(Die Welt. Kleiner geht's nicht.) wirbt mit spanischen und italienischen Spezialitäten und einer Speisekarte auf Spanisch, Englisch, Französisch, Dänisch, Norwegisch, Schwedisch, Deutsch,
Isländisch und Finnisch. Dies ist aus verschiedenen Gründen ein
gutes Angebot. Es ist zum Beispiel schwierig, eine Speisekarte
auf Isländisch zu lesen, ohne davon gute Laune zu bekommen.
Ich hatte große Lust »Eggjakokur« zu bestellen, nur um es einmal
getan zu haben. Außerdem ist es unglaublich witzig festzustellen,

dass Pizza auf Isländisch tatsächlich *pizzur* heißt. Wenn ich auf Spaß-Isländisch Pizza sagen sollte, würde ich *pizzur* sagen. Und es ist sogar richtig. Ob es völlig richtig ist, weiß ich dagegen nicht sicher, obwohl ich es auf der Karte des El Mundo gelesen habe. Im norwegischen Teil der Karte steht: »Alle Gerichte werden mit Zubehör serviert. Mehrwertsteuer ist nicht eingegriffen.«

* * *

Ein gänzlich anderer Typ von skandinavischem Süden liegt auf der anderen Seite von Mallorca, in Port d'Alcúdia. Hier sind die Süden-Städte maßgeschneidert für Familien mit Kindern. Will man den Unterschied zwischen Magaluf und Alcúdia ein bisschen flapsig auf den Punkt bringen, könnte man sagen:

Wenn du jung bist, fährst du nach Magaluf, um dich auszutoben, bevor du heiratest. Dann heiratest du, bekommst Kinder und machst stattdessen Urlaub in Alcúdia. Dann lässt du dich scheiden und gehst wieder nach Magaluf.

Eine andere Herangehensweise besteht darin, die Stoßzeiten zu studieren. Die Unterschiede bei den Stoßzeiten von Restaurants und anderen Lokalen zeigen, in welch starkem Maß große Touristenstädte vom Touristentyp geprägt sind, der sie besucht. Die Einheimischen auf Mallorca gehen sehr spät aus. Es ist nicht ungewöhnlich, dass Familien in Palma gegen halb elf am Abend in ein Restaurant geschlendert kommen und ein Dreigängemenü bestellen. In Port d'Alcúdia, einem beliebten Reiseziel für Kleinfamilien, sind die Restaurants um sieben Uhr gefüllt. Um diese Zeit dauert es in Palma noch zwei Stunden, bis viele der Restaurants überhaupt erst aufmachen. Etliche Touristen in Alcúdia sind schon wieder im Hotel, wenn die Leute in Palma sich gerade zu Tisch gesetzt haben. Ziemlich genau zehn Stunden, bevor Den Glade Viking in Magaluf schließt.

Lokale wie Den Glade Viking gibt es in Alcúdia gar nicht. Doch es gibt andere Lokale, wo sich so viele Süden-Touristen wie möglich zu Hause fühlen sollen. Das große Restaurant Ola's geht am weitesten bei seinen Versuchen, sich für alle Nationalitäten als erste Wahl anzubieten. Der dänische Chef des Restaurants hat früher als Reiseleiter gearbeitet (worauf das Lokal in seinen Werbeanzeigen hinweist), und begrüßt die Gäste mit einem sorgfältig einstudierten »God aften« (Guten Abend), das er so ausspricht, dass es als Schwedisch, Dänisch und Norwegisch durchgehen kann, bevor er zu Schworwegisch, Dorwegisch oder Schwänisch übergeht, je nachdem, woher die Gäste kommen. Englisch oder Deutsch hat er auch im Angebot. Die Spezialitäten auf der Speisekarte sind echte italienische Pizza und echtes neuseeländisches Fleisch. Der Chef erklärt, dass das Lokal auch eins der wenigen in Port d'Alcúdia sei, wo Touristen echtes spanisches Essen bekämen. Das Restaurant ist also norwegisch-schwedisch-dänisch-italienisch-neuseeländisch-spanisch. Der dänische Chef hat sogar einen Künstlernamen angenommen, der in den meisten Sprachen verständlich ist. Er nennt sich Mikke. Und das, obwohl sein eigentlicher Name nicht ohne einen gewissen Unterhaltungswert ist. Er heißt Mik N. Suurballe. Ein Name, von dem er in Magaluf zweifellos mehr profitieren würde.

Ein anderes skandinavisches Angebot für die ganze Welt ist Göta Kanal, ein Tanzrestaurant, wo einmal in der Woche eine Brasilien/Hawaii-Show und einmal in der Woche ein Flamenco-Abend stattfindet. Was eine Brasilien/Hawaii-Show ist, weiß ich nicht genau. Vielleicht Leute, die als Ananas verkleidet Samba tanzen.

Wenn du den Abend in Süden-englischem Stil beschließen möchtest, kannst du ins Pub *Stagger Inn* stolpern, das mit einem klassischen, herzlich selbstironischen Süden-Grinsen wirbt, »Alcúdias schlechtesten DJ« zu haben.

Zehn Lokale, die es in Magaluf gibt

Lineker's

Prince William Pub

Benny Hill Party Pub

Det Glade Hörnet

Den Glade Viking

Tre kronor Bistro

Gjøkeredet

Trollstugan

Grabbarna Grus

Söderstadion Bar

Zehn Lokale, über die sich in Magaluf niemand wundern würde

Lady Di Party Club

Egg & Beckham Football Party Club

The Queen of England Egg & Party Football Pub

Hotel Cæsar

Gærne Gunnars norske pøbb

Fjellstuggu
Scandinavian All Night Party Disco

Gerhardsen's
norwegische Bar

Sommartider hej hej
schwedische Disco

Den gamle kalosj
(Die alte Galosche)

Fosshaugene Stadion

Tag 5

NACH EINER SKANDINAVISCHEN KNEIPENTOUR IN MAGALUF

Bier und Wein, das geht fein.
Wein und Bier erspar ich mir.
Aber was ist mit Bier und diesem Zeug, das in winzigen Gläsern
serviert wurde und nach Haarwasser schmeckte?

Zur selben Zeit

15 Ort der Handlung: Ein großer familienfreundlicher Hotelkomplex in der Nähe von Alcúdia an einem Mittwochabend im Juli gegen 18.30 Uhr.

Zimmer 202
(aufrichtig) »Witzig, dass wir hier noch mehr Leute aus Porsgrunn treffen.«

Zimmer 307
(genervt) »Hoffentlich treffen wir heute Abend nicht wieder diese andere Familie aus Porsgrunn.«

Zimmer 555
(freudig) »Gönnen wir uns vor dem Abendessen einen extra starken Gin Tonic?«

Zimmer 403
(zufrieden und erwartungsvoll) »Das war ja richtig nett gestern Abend.«

Zimmer 402

(verärgert) »Im Zimmer nebenan waren die gestern Abend total laut.«

Zimmer 555

(noch immer freudig) »Gönnen wir uns noch einen extra starken Gin Tonic vor dem Essen?«

Zimmer 501

(begeistert) »Ich bin schon ein bisschen braun!«

Zimmer 322

(ungläubig) »Ich kapier das nicht. Ich werde überhaupt nicht braun. Ich werde lila.«

Zimmer 290

(einladend) »Wie wär's mit einem Quickie? Wir können die Kinder ja nach unten ins Spielzimmer schicken.«

Zimmer 555

(immer noch freudig) »Kommt es nur mir so vor, oder schmeckt der Gin Tonic hier besser als zu Hause?«

Zimmer 290

(mehr als einladend) »Die haben einen Riesenspaß da unten. Es muss ja gar kein Quickie sein.«

Zimmer 222

(überrascht) »Hatte ich wirklich nicht mehr Hemden mit?«

Zimmer 555

(glücklich) »Skål.«

Zimmer 222

(immer noch überrascht) »Kann es sein, dass dies mein letztes sauberes Hemd ist?«

Zimmer 290

(einladend) »Noch einen? Die Idee mit dem Spielzimmer war echt gut.«

* * *

Später am selben Abend, nach dem Essen.

Zimmer 222

(ironisch) »Perfekt! Campari auf meinem letzten sauberen Hemd.«

Zimmer 290

(kichernd) »Pst, die Kinder können uns hören.«

Zimmer 555

(freudig) »Gönnen wir uns noch einen extra starken Gin Tonic vor dem Hinlegen?«

Zimmer 222

(ergeben) »Tja, dann muss ich eben den Rest des Urlaubs mit nacktem Oberkörper rumlaufen.«

Zimmer 307

(genervt) »Hör mal, Anne, morgen fahren wir woandershin, damit wir nicht schon wieder diese anderen aus Porsgrunn treffen.«

Zimmer 202

(aufgeschlossen) »Wollen wir Anne und Hans nicht vorschlagen, mal zusammen einen Wagen zu mieten? Dann könnten wir in die Berge fahren. Wäre das nicht nett?«

Zimmer 307

(genervt, aber vorausschauend) »Wir mieten uns einen Wagen und fahren weit weg. In die Berge.«

Zimmer 222

(flirtend) »Also ich mag dich mit nacktem Oberkörper.«

Zimmer 322

(immer noch ungläubig) »Jetzt hab ich noch mal nachgeschaut. Kein Witz. Ich *bin* lila.«

Zimmer 222

(auch flirtend) »Du magst mich mit nacktem Oberkörper? Heißt das, du hattest einen Hintergedanken, als du mir Campari aufs Hemd geschüttet hast?«

Zimmer 555

(überrascht) »Haben wir echt keinen Gin mehr? Hab ich die Drinks so stark gemacht?«

Zimmer 222

(noch flirtender) »Ob ich Hintergedanken hatte, als ich dein Hemd bekleckert habe? Da kannst du Gift drauf nehmen, Tarzan.«

Zimmer 555

(positiv) »Tja, wenn der Gin alle ist, müssen wir uns was anderes einfallen lassen. Dieses klebrige Zeug, das wir meiner Mutter mitbringen wollten, lässt sich bestimmt auch trinken.«

Zimmer 222

(stark flirtend, gegen Ende positiv überrascht) »Tarzan? Das hast du nicht zu mir gesagt, seit ... Oh!«

Zimmer 555

(jetzt etwas ernster) »Du ... der Grund, dass ich ... also, da ist was, das ich ... jetzt, wo kein Gin mehr da ist, muss ich vielleicht bald mal zur Sache kommen ...«

Zimmer 222

(äußerst positiv überrascht) »Oh. Oh. Oh!«

Zimmer 555

(kommt endlich zur Sache, nach viel Gin und ein bisschen von dem klebrigen Zeug, das sie eigentlich seiner Mutter mitbringen wollten) »Willst du mich heiraten?«

Zimmer 554

(aus dem Schlaf geschreckt) »Hast du auch diesen Schrei vom Nachbarbalkon gehört?«

Erwachsene Leute, die sich für den Abend fein machen

16 An einem Mittwochnachmittag in Oslo sah ich ein gestandenes Ehepaar, das auf Plastikstühlen vor einem Burgerrestaurant saß und mit Messer und Gabel einen Hamburger aß. Sie hatten sich fein gemacht. Die Haare gestylt. Den Schlips umgebunden. Die Schuhe geputzt. Sie sagten nichts. Aßen nur ihre Hamburger und lächelten den Menschen zu, die vorbeigingen.

Selten habe ich an einem Mittwochnachmittag in Oslo etwas so Sympathisches gesehen.

Viele Passanten lächelten über die beiden, ich auch. Aber das war völlig in Ordnung, denn sie selbst lächelten auch. Ich glaube nicht, dass sie etwas Besonderes feierten. Ich glaube, es war ein ganz normaler Mittwochnachmittag, der eine unerwartete Wendung nahm, als der eine zum anderen sagte:

»Lass uns heute einfach mal ausgehen, Schatz.«

Der andere hat vielleicht ein bisschen gekichert. Dann haben sie sich fein gemacht und sind in den nächsten Burgerladen gegangen. Für solche Ehepaare gibt es Hoffnung.

* * *

Im Süden siehst du so etwas ständig. Und ich finde es jedes Mal so sympathisch. Ich bekomme gute Laune, wenn ich gestandene Paare sehe, die sich für den Abend fein gemacht haben. Sie gehen die Straße entlang, beinahe im selben Takt, weil sie schon so oft nebeneinandergegangen sind, sie haben fremde Währung in den Taschen ihrer hellen schicken Ferienhosen, und jetzt wollen sie zu Abend essen. Weil sie zusammen sind, weil sie im Urlaub sind, und weil das ein Grund zum Feiern ist.

Natürlich habe auch ich von den Statistiken gehört, die besagen, dass im Urlaub alles den Bach runtergeht. Dass alle Konflikte an die Oberfläche kommen und kleine Streitigkeiten darüber, wer den Hotelschlüssel eingesteckt hat, zu Scheidungen und Sorgerechtsprozessen führen. Aber diese Paare gehen trotzdem Hand in Hand, als gäbe es keine Statistiken, in frisch gebügelten Hemden und Blusen, als gäbe es keine Moden, und heute Abend wollen sie ausgehen. Diese gestandenen Menschen, die sich für den Abend fein gemacht haben, sind über so etwas hinweg. Die gestandenen Menschen, die sich für den Abend fein gemacht haben, wissen, dass es darauf ankommt, das, was du tust, zu etwas Besonderem zu machen.

Sie sprechen im Restaurant vielleicht nicht so viel miteinander. Vielleicht haben sie schon alles gesagt, was gesagt werden muss. Aber sie fahren gemeinsam in den Urlaub. Sie gehen zusammen aus. Sie bestellen Essen. Sie essen. Sie bezahlen. Sie gehen nach Hause, gemeinsam und Hand in Hand. Vielleicht haben sie im Restaurant jemanden gebeten, ein

Handyfoto von ihnen zu machen, das sie sich später im Hotel anschauen.

Oder sie gehen nachher vielleicht noch in eine Bar, bestellen sich etwas zu trinken und betrachten das Treiben ringsumher. Oder sie unterhalten sich über früher. Du siehst sie in den Bars im Süden. Wie oft kommt es zu Hause vor, dass du in einer Bar mit Leuten zusammen bist, die doppelt so alt sind wie du? Das kommt höchstens mal in Orten vor, die so klein sind, dass es dort nur ein Lokal gibt. Da kann es passieren, dass jemand am Nebentisch sitzt, der doppelt so alt ist wie du. Allerdings ist diese Person fast immer ein wenig einsam oder ein wenig alkoholisiert oder beides zugleich.

Diejenigen, die sich für den Süden-Abend fein gemacht haben, sind weder das eine noch das andere. Es sind gestandene Liebespaare, die die Bar Hand in Hand verlassen. Am Tag gehen sie Hand in Hand durch die Straßen und schauen sich die Geschäfte an.

* * *

In einem Souvenirladen in Palma Nova habe ich mal ein älteres englisches Paar gesehen, das mit heiterem Interesse eine Schürze studierte, auf der ein Penis abgebildet war. Ich weiß natürlich nicht sicher, was danach passierte, aber der Mann hatte ein teuflisches Funkeln im Auge, als sie weitergingen.

Ich glaube, dass er am nächsten Tag zurückkehrte. Er schlich aus der Tür, als seine Frau ihre tägliche Siesta im Hotelzimmer machte. Dann ging er zu dem Laden und kaufte die Schürze. Kichernd lief er mit der kleinen Plastiktüte zurück ins Hotel und wartete, bis seine Frau ins Bad ging, um sich fein zu machen für den Abend, bevor er die Tüte unter der Matratze versteckte. Vielleicht traf er sogar eine Absprache mit den Zimmermädchen, dass sie die Tüte nicht unter der Matratze hervorholen sollten, und zwinkerte ihnen jedes Mal konspirativ zu, wenn er ihnen während des restlichen Urlaubs auf dem Gang begegnete. Dann lag er da, Nacht um Nacht, zusammen mit der Frau, die nichts von dem schmutzigen Geheimnis in der Plastiktüte direkt unter ihnen ahnte. Am letzten Urlaubstag gelang es ihm, die Plastiktüte ganz unten in den Koffer zu stecken, und als sie nach Hause kamen, erklärte er sich gleich bereit, den Koffer auszupacken. In einem unbeobachteten Moment versteckte er die Plastiktüte hinter seiner alten Plattensammlung, für die seine Frau sich noch nie sonderlich interessiert hatte.

Und eines Tages, vielleicht heute, vielleicht in einer Woche, vielleicht in einem Monat, vielleicht in einem Jahr, kommt eine ältere englische Frau vom Einkaufen nach Hause, es ist ein ganz gewöhnlicher Mittwochnachmittag, und hinter der Eingangstür steht der Mann, mit dem sie seit fünfzig Jahren verheiratet ist, und hat nichts an außer der Schürze mit dem Penis und dem Text: »Sexy cooking Mallorca style«. Er hat für seine Liebste eine Paella zubereitet.

So ist es richtig. So soll es sein. Man muss allzeit bereit sein. Und zuschlagen, wenn es am wenigsten erwartet wird.

Lass uns heute einfach mal ausgehen, Schatz.

AUS DEM REISETAGEBUCH
MALLORCA

Tag 7

Der Pool im Hotel ist so klein, dass immer nur einer reinpasst.
Im Moment ist das Becken gefüllt mit einem Engländer, der mir
gerade erzählt hat, er sei auf einem dreitägigen Junggesellen-
abschied für einen Freund. Die Engländer nehmen Junggesellen-
abschiede offenbar verdammt ernst.
»I'm a cockney but I'm polite«, sagte er, als er sich vorstellte.
Dann fiel er in den Pool.

Ausländisch für Ausländer, Teil 1

17 Reiseführer enthalten häufig einen Abschnitt mit Redewendungen und Phrasen in der Sprache des Urlaubslandes, die man lernen sollte. Es handelt sich fast ausnahmslos um Phrasen, bei denen die Chancen, sie benutzen zu können, äußerst gering sind.

Ein Klassiker in solchen Phrasensammlungen lautet: »Entschuldigen Sie, wo liegt das nächste Postamt?«

Niemand braucht heute mehr zu wissen, wo das nächste Postamt liegt, weil jeder mit dem Handy Fotos nach Hause schickt. Wer Postkarten kauft, tut das, um witzige und/oder geschmacklose Erinnerungen an die Reise zu haben. Wer unbedingt Postkarten nach Hause schicken möchte, tut das vom Hotel aus. Oder von sonst wo. Du musst nicht zur Post gehen, um Briefmarken zu kaufen.

Die Auswahl in den meisten Phrasensammlungen kommt mir eher zufällig vor. Man erfährt jede Menge Sätze, die man möglicherweise braucht, um auf einem Schiff eine Innenkabine für drei zu bestellen, aber keinen einzigen Satz, den man gebrauchen könnte, um ein Zugticket zu kaufen.

Die Phrasenlisten sind häufig in einem Themenbereich übertrieben detailliert und lassen andere Bereiche elegant links liegen. In einem Spanien-Reiseführer, den ich gelesen habe, gibt es viele Tipps, was du sagen kannst, wenn du beim Zahnarzt bist, aber kein Wort darüber, wie du in einem Restaurant einen Kaffee oder ein Essen bestellen kannst. Ich stelle mir vor, dass einige Leser dieses Reiseführers aus schierer Verzweiflung im Restaurant das Besteck anbeißen in der Hoffnung, sich Zahnschäden zuzuziehen, damit sie die Spanischkenntnisse, die sie sich angeeignet haben, anwenden können. (Unter anderem kann man in dem Buch lernen, wie der folgende Satz auf Katalanisch heißt: »Nein, bitte ziehen Sie den Zahn nicht. Wenn es geht, dann geben Sie mir lieber was gegen die Schmerzen, bis ich nach Hause fahre.«)

Wenn alle Touristen nur die Phrasenlisten einsetzen würden, wären die spanischen Postämter voll von Leuten, die Innenkabinen und Wurzelfüllungen bestellen wollen. Außerdem erzählen die Phrasensammlungen immer nur einen Teil der Geschichte. Viele erzählen dir, was du sagen sollst, wenn du beim Arzt bist. Keine einzige erzählt dir, was du sagen sollst, um dir eine Verletzung zuzuziehen, damit du zum Arzt kommst. Hier ein Vorschlag:

Corridas son para cursis de mamá.

Stierkampf ist etwas für affektierte Muttersöhnchen.

* * *

Das Hauptproblem bei all diesen Phrasenlisten ist natürlich, dass es wenig hilfreich ist, eine Frage in der Sprache des Urlaubslandes stellen zu können, wenn du dann die Antwort nicht verstehst. Die einzige Lösung dieses Problems liegt darin, dass du die Sprache lernst. Und dann brauchst du ja die Phrasenliste nicht mehr.

Aber eine Sprache zu lernen ist eine langwierige Angelegenheit. Besonders wenn es eine Fremdsprache ist. Wir brauchen also eine *gute* Phrasenliste, die dir erklärt, was du im Alltag im Süden sagen sollst. Nicht nur beim Zahnarzt, der ist sowieso schwedisch.

Ich habe einen kleinen Süden-Sprachführer erstellt, eine Liste von spanischen Phrasen, die meinen Süden-Erfahrungen zufolge ziemlich brauchbar sein dürfte:

Draußen

Perdón. Conoces algún restaurante aquí cerca donde se toca música popular sueca de los ochenta?
Entschuldigung, kennen Sie ein Lokal in der Nähe, in dem schwedische Popmusik aus den Achtzigern gespielt wird?

No, no, solamente uno.
Nein, nein, nur eins.

Muchas gracias, no nececitas mencionar mas lugares ahora. Ya basta.
Vielen Dank, Sie brauchen nicht mehr Lokale zu nennen. Es reicht.

Callate.
Halt die Klappe.

Conoces algún restaurante aquí cerca donde no tocan música popular sueca de los ochenta?
Kennen Sie Lokale, in denen keine schwedische Popmusik aus den Achtzigern gespielt wird?

Hay que haber uno?!
Aber eins muss es doch geben?!

Bei einem Notfall

Perdón. Puedes decirme donde está el hospital mental más cerca?
Ya ves, vi la emissión extra de fútbol de TV2 en un bar escandinavio
en Magaluf y me puse tan borracho que comencé animar a Rosenborg.
Entschuldigung, können Sie mir den Weg zur nächsten
psychiatrischen Anstalt zeigen? Wissen Sie, ich habe in einer
skandinavischen Kneipe in Magaluf Fußball-Extra auf TV2
gesehen und wurde so betrunken, dass ich für Rosenborg war.

Que dices? Es una emergencia. No me oiste, hombre? Comencé
animar a Rosenborg. Rosenborg, *coño,* Rosenborg!
Was meinen Sie? Das ist ein Notfall. Haben Sie nicht
gehört, was ich gesagt habe, Mann? Ich war für Rosenborg.
Rosenborg, verdammt noch mal, *Rosenborg!*

Smalltalk

Wenn du mit Einheimischen ins Gespräch kommen willst, solltest du ein Thema wählen, das sie interessiert. Fußball ist ein
internationaler Eisbrecher. In allen Ländern haben die Menschen ein Verhältnis zum Fußball. Wenn du über Fußball plau-
dern kannst, findest du überall Freunde. Hier ein paar nützliche
Sätze, um in Spanien ein Gespräch über Fußball in Gang zu
bringen:

Te acuerdas de la Eurocopa de fútbol en Bélgica y Holanda en el
año 2000, cuando Noruega ganó a España en el primer partido?
Erinnern Sie sich an die Fußball-EM in Belgien und den
Niederlanden 2000, als Norwegen gleich im ersten Spiel
Spanien mit 1 – 0 besiegte?

Coño, que error del portero!
Was für ein Klopper von einem Torwartfehler!

Y que buscaba allá fuera? Solamente diletantes no se hallan en la línea de portería en situaciones como esta.
Was hatte er auch da draußen zu suchen? Nur Amateure bleiben in solchen Situationen nicht auf der Linie.

Como me acuerdo, mucha gente consideraba España favorita en este campeonato. Je je je, era una bajada verdadera.
Soweit ich mich erinnere, wurde Spanien bei dieser EM als Favorit gehandelt. Ha ha ha, das muss ja ein ziemlicher Reinfall gewesen sein.

AUS DEM REISETAGEBUCH
MALLORCA

Tag 10

Heute von der spanischen Polizei gestoppt worden.
Sehr authentisch.

Tote Leute in alten Häusern

18 Noch schlimmer, als sich touristische Sehenswürdigkeiten anzusehen, die einen streng genommen nicht interessieren, ist es, wenn andere Leute von touristischen Sehenswürdigkeiten erzählen, die einen streng genommen nicht interessieren.

Wenn Menschen dir ihre Süden-Fotos zeigen, haben sie selten etwas Interessantes über die Sehenswürdigkeiten zu sagen, die sie besichtigt haben.

Vielleicht sagen sie: »Das da ist das älteste Gebäude der Insel.« Und das ist ja so weit okay.

»Das da ist eines der ältesten Gebäude der Insel«, ist schon schlimmer.

»Das da ist ein altes Gebäude, das wir im Urlaub gesehen haben«, bekommt man leider am häufigsten zu hören.

Wenn die Leute nicht viel Gescheites über Sehenswürdigkeiten im Süden zu sagen wissen, liegt das daran, dass die Wenigsten von uns aufgrund der Sehenswürdigkeiten in den Süden reisen. Die meisten finden natürlich, dass solche Attraktionen eine nette Zugabe sind und nehmen sie gern mit, wenn sie schon in einem anderen Land sind, aber nur selten sind die Sehenswürdigkeiten der Grund dafür, dass wir für den diesjährigen Süden-Urlaub genau dieses Reiseziel gewählt haben.

Palma hat zum Beispiel eine Kathedrale, die jedes Jahr von unzähligen Touristen besucht und fotografiert wird. Die Kathedrale von Palma ist eine große Attraktion, weil sie auf Mallorca liegt. Allerdings hat Mallorca nicht aus dem Grund viele Touristen, weil die Kathedrale von Palma dort liegt.

Eine andere von Mallorcas Sehenswürdigkeiten ist das Dorf, in dem der englische Schriftsteller Robert Graves gelebt hat. Der Prozentsatz der norwegischen Mallorca-Touristen, die Robert Graves als Hauptgrund für die Wahl von Mallorca als Ferienziel nennen würden, dürfte nicht sehr hoch sein. Selbst als eingefleischter Robert-Graves-Fan musst du schon ganz besonders fanatisch sein und außerdem über ein gewisses diktatorisches Talent verfügen, um die Familienferien an den Wohnsitz deines Lieblingsautors zu legen. Du musst schon früh mit der Indoktrinierung anfangen, bevor du deinen Kindern in die Augen siehst und sagst: »Es ist schroff da. Es gibt fast keine anderen Kinder. Es gibt kaum etwas zu unternehmen. Dafür können wir aber jeden Tag in den Lieblingsstraßen eines toten Engländers herumlaufen, den ich sehr mag.«

Viele fänden es wahrscheinlich mindestens genauso spannend, heimlich einen Blick auf das Haus von Michael Douglas im selben Dorf zu werfen, doch auch das kann nicht als Hauptgrund für Ferien auf Mallorca zählen.

Das gilt auch für das Haus in Cala Major, in dem der Maler Miró als Rentner lebte, oder das Kloster in Valldemossa, wo der Komponist Chopin und die hosenbekleidete Schriftstellerin George Sand einen Winter in den 1830er-Jahren in einer Mönchszelle verbrachten, einen Winter, in dem sie wohl in erster Linie argwöhnisch von den Einheimischen beäugt wurden.

Weil die Attraktionen selten die Hauptursache für die Wahl eines Reiseziels im Süden sind, nehmen die Süden-Touristen die Sehenswürdigkeiten, wie sie kommen, und versuchen, das Beste daraus zu machen.

Selbstverständlich ist niemand der Meinung, es sei eine Katastrophe, wenn man etwas über Chopin oder Graves oder Miró erfährt, was man sonst nicht erfahren würde, und damit seinen Horizont um ein paar Zentimeter erweitert. Keineswegs. Das Problem besteht darin, dass das Erlebnis später erzählt werden muss. Das macht mindestens die Hälfte des Spaßes an einem Erlebnis aus. Und nichts ist uninteressanter, als wenn jemand von einem Erlebnis erzählt, das er selbst nicht einmal interessant fand.

Manch einer überkompensiert und liest sich so gründliches Wissen über die Attraktionen der Stadt an, dass jedem Urlaubsfoto ein längerer Vortrag folgt.

Andere sind so erpicht darauf, sich in den Ferien nichts von Wert entgehen zu lassen, dass sie, wenn sie ein Gebäude sehen, das älter als dreißig Jahre sein könnte, sicherheitshalber ein vierzigminütiges Video aufnehmen für den Fall, dass es sich später als ein Gebäude herausstellt, welches sie hätten kennen sollen. Meistens ist das nicht der Fall. Dann kommen nach Hause und zeigen das Video und sagen: »Das da ist ein altes Gebäude, das wir im Urlaub gesehen haben.«

* * *

Es gibt viele Gründe, warum Dinge zu Touristenattraktionen werden. Ein Grund kann sein, dass man hinterher gut davon erzählen kann.

Es hilft immer, wenn die Attraktion ganz oben auf der einen oder anderen Liste steht. Es ist ein Vorteil, das Erste, Größte, Älteste, Längste oder Höchste zu sein. Natürlich kommt es auch darauf an, um was es sich handelt. Der älteste Minidiscounter der Welt zu sein, reicht kaum zur Qualifikation.

Nummer drei, vier oder fünf auf solchen Listen zu sein bringt rein gar nichts. Das ist wie ein ganzes Leben für einen Sportwettbewerb zu trainieren und Vierter zu werden. Niemand interessiert sich für einen Sportler, der Vierter wird. Außer es ist ein norwegischer Leichtathlet. Dann ist es eine Sensation.

Wenn du ein Gebäude gesehen und geglaubt hast, es sei das höchste der Welt, und dann erfährst, dass es nur das vierthöchste ist, wirst du es im Nachhinein kaum noch so beeindruckend finden. Es gibt Attraktionen, die sind beeindruckend, weil jedermann sie kennt. Sie haben keine Erklärung oder Rechtfertigung nötig, auch nicht die Behauptung, am ältesten, ersten oder größten zu sein. Weil alle sie schon gesehen haben. Auch die, die nie da waren.

Attraktionen, die weder selbsterklärend noch am ältesten, am größten oder irgendwie am besten sind, brauchen eine gute Anekdote, eine Räuberpistole, die man erzählen kann, wenn man das Foto zeigt, das man davon geschossen hat. Solche Geschichten knüpfen sich an viele Attraktionen. Oft habe ich den Verdacht, dass die Geschichte von einem Fremdenführer erfunden wurde, der sich bei seiner Arbeit gelangweilt hat, und dann an der Attraktion hängengeblieben ist.

Eine typische Attraktionsanekdote geht ungefähr so:

»Der Obermönch war eines Tages so von Geilheit gepeinigt, dass er beschloss, einen Kirchenbau zu errichten und sich in die Arbeit zu stürzen, bis sein Begehren vorüberginge. Am folgenden Tag legte er den Grundstein eines Gebäudes, das zweihundertfünfzig Jahre später zu dieser großartigen Kirche werden sollte.«

Es besteht kein Zweifel daran, dass wir viele Dinge als Sehenswürdigkeiten betrachten, weil uns gesagt worden ist, dass es welche sind. Wenn wir darüber sprechen, benutzen wir häufig eine Sprache, die darauf schließen lässt, dass es in erster Linie eine Pflicht ist, uns solche Sehenswürdigkeiten anzuschauen. Wir sagen, dass man sie »gesehen haben sollte« oder »mitnehmen muss«.

Mallorca hat eine Attraktion, die viele nicht für eine Sehenswürdigkeit halten würden, wenn man es ihnen nicht vorher sagte: Die Bahn von Palma nach Sóller. Laut allen Mallorca-Führern gehört sie zu den Dingen, die »man erlebt haben muss«. Es handelt sich um einen alten Zug, der seit 1912 dieselbe Strecke befährt. Ohne Veränderungen. Der Zug fährt langsam und schwankt die ganze Zeit. Es ist eine nette Tour, es ist schön, eine Art Zeitreise zu machen, und die Attraktion hält im Großen und Ganzen das, was sie verspricht. Nur dass sie auch einige Eigenschaften hat, die gestresste Touristen zum Ausrasten bringen können.

Der Bahnhof, von dem der Zug losfährt, liegt nicht gerade im Zentrum von Palma. Man darf also annehmen, dass viele Passagiere vorher durch die Stadt gehetzt sind, in Transportmitteln des öffentlichen Nahverkehrs geschwitzt und darüber geklagt haben, dass die Klimaanlage nicht funktioniert und dass es viel zu langsam geht. All dies, um an einem sehr alten und sehr heißen Zug anzukommen, der noch viel langsamer fährt.

Weil uns gesagt worden ist, dass es sich um eine Attraktion handelt, finden wir die Zugfahrt spannend. Wenn die Touristen im Zug nicht wüssten, dass sie gerade in einer Attraktion sitzen, sondern der Meinung wären, sie hätten einen normalen Zug bestiegen und wären in einem langsamen, schwankenden Waggon ohne Klimaanlage gelandet, wäre mindestens die Hälfte von ihnen ziemlich sauer gewesen. Ein Drittel hätte sich beim Veranstalter beklagt. Und ich fürchte, mindestens ein oder zwei Personen hätten den Zugführer attackiert.

Wenn der Zug in Sóller ankommt, ist die Attraktion vorbei. Dann steigen die Touristen aus, gehen ein paarmal im Kreis herum, bevor sie merken, wohin alle anderen gehen, setzen sich am Marktplatz hin, schauen auf die Uhr und fragen sich: Okay, und was machen wir jetzt?

Denn Sóller ist keine Attraktion. Es ist eine hübsche kleine Stadt, aber weder die größte noch die erste oder die älteste, und hier ist auch keine berühmte Filmszene gedreht worden. Die Kirche und die Bank am Marktplatz sind von einem Schüler des berühmten Architekten Antoni Gaudí entworfen worden. Aber das zählt nicht, es sei denn, der Schüler hätte die Kirche entworfen, weil er sich eines Tages so geil gefühlt hätte.

Wenn sie herausgefunden haben, dass es vorbei ist mit der Attraktion und dass niemand kommt, um beispielsweise auf dem Marktplatz für sie zu tanzen, gehen die Touristen zurück zum Bahnhof, um herauszufinden, wie sie schnellstmöglich zurück nach Palma kommen. Mit einem Zug, der so langsam wie möglich fährt.

AUS DEM REISETAGEBUCH
MALLORCA

Tag 12

Heute ist hier Generalstreik.
Sehr authentisch.

Zweiter Anfall von Süden-Paranoia

19 »Hatten Sie eine schöne Zeit bei uns?«
Irgendwas ist an diesem letzten Tag anders bei dem Mann an der Rezeption. Er wirkt abwesend. Ich frage ihn, ob alles in Ordnung ist. Es dauert, bevor er antwortet.

»Was? Ja, alles in Ordnung. Selbstverständlich. Hatten Sie eine schöne Zeit bei uns?«

Vier Männer in Overalls kommen aus einem Raum hinter der Rezeption, sie tragen schwere Kisten. Um Konversation zu betreiben, frage ich den Mann an der Rezeption, ob ein Umzug in Gang ist. Er starrt auf seine Tastatur und sieht beschäftigt aus.

»Was? Umzug? Ach, das. Nein, das ist nichts. Vielen Dank für Ihren Besuch. Kommen Sie gerne wieder.«

Als ich mich umdrehe, um zu gehen, sehe ich, dass am Pool irgendwas passiert. Ich meine einen Kran zu sehen und Männer, die zeigen und dirigieren. Mehr bekomme ich nicht mit, bevor eine Dame in Hoteluniform die Vorhänge zuzieht.

»Sonst wird es so warm hier drinnen«, erklärte sie und fügt dann hinzu: »Hatten Sie eine schöne Zeit bei uns? Vielen Dank für Ihren Besuch. Kommen Sie gerne wieder.«

Der Reiseleiter im Bus zum Flughafen erzählt und zeigt uns, was wir vor uns sehen. Vor uns auf der linken Seite sehen wir. Vor uns auf der rechten Seite sehen wir. Ich sitze ganz hinten im Bus und habe die ganze Zeit das Gefühl, dass hinter mir irgendwelche Dinge passieren. Die Gardinen hinter mir sind zugezogen.

»Sonst wird es so warm hier drinnen«, hatte der Reiseleiter gesagt und dann hinzugefügt: »Hatten Sie eine schöne Zeit bei uns? Vielen Dank für Ihren Besuch. Kommen Sie gerne wieder.«

Wir werden während der gesamten Bustour beschäftigt. Formulare müssen ausgefüllt werden. Es gibt Informationen über das Einchecken am Flughafen. Dinge rechts oder links vor uns, die betrachtet werden müssen. Aber immer nur Dinge vor uns.

Als der Reiseleiter unaufmerksam ist und wegschaut, drehe ich mich blitzschnell um und ziehe die Gardinen zur Seite.

Das erste, was ich sehe, sind hunderte von Männern in Overalls, die eine Platte über eine Ebene schleppen. Gleich dahinter sehe ich ein Riesenhotel, dem eine Wand fehlt. Kräne heben eine Etage nach der anderen von den Gebäuden. Alle Fassaden der Restaurantstraße werden zusammengefaltet und in Stapeln aufgeschichtet, um von Lastwagen abtransportiert zu werden. Jemand lässt die Luft aus der Disco. Sie sackt langsam in sich zusammen und wird platt, wie eine Luftmatratze. Der Asphalt der Hauptstraße wird aufgerollt. Die Palmen werden auf den Boden gelegt und auseinandergenommen, Blatt für Blatt. Einer der Männer ist damit beschäftigt, das Wasser aus dem Meer abzulassen.

Der Reiseleiter hat mich entdeckt und zieht blitzschnell die Gardinen wieder vor.

»Ich denke, es ist am besten, wenn wir niemandem davon erzählen«, sagt er drohend, bevor er wieder sein Reiseleiterlächeln aufsetzt.

Das Flugzeug hat gerade abgehoben, da schalten sie die Sonne ab.

DRITTER TEIL

Hellas –

Land der Kontraste

»Eine Rucksacktour auf die griechischen Inseln – genau das Richtige, wenn du etwas sportlicher bist. Jetzt hast du die Möglichkeit, zusammen mit anderen jungen Leuten aus Norwegen die griechischen Inseln zu entdecken. Wir bereisen die Inseln, die weniger bekannt sind, weil wir dir Orte zeigen wollen, wo es kaum Tourismus gibt. Und wo die Bewohner immer außerordentlich nett und gastfreundlich sind.«

Aus einem Reisekatalog von *Gullivers reiser* (1980)

»Eine Rucksacktour auf die griechischen Inseln. Das große Interesse des Vorjahres zeigt, dass viele von uns Norwegern gar keine Pauschalreise buchen wollen, um in einem Hotel zu wohnen und am Strand herumzuliegen. Als wir unser Angebot entwickelten, waren wir davon ausgegangen, dass sich vor allem junge Teilnehmer anmelden würden. Doch es hat sich herausgestellt, dass die Zusammensetzung der Gruppen sehr unterschiedlich ausfiel – von jungen Leuten bis hin zu älteren Jahrgängen. Alle haben dasselbe Ziel vor Augen, nämlich das echte Hellas zu erleben, und zwar auf unkomplizierte Art.«

Aus einem Reisekatalog von *Gullivers reiser* (1981)

Ein paar Fakten zu Griechenland

Fläche: 131 957 km^2
Einwohnerzahl: 10 727 700 (2018)
Einwohnerzahl mit Touristen: ungefähr das Doppelte
Hauptstadt: Athen
Ethnien: sehr viele Griechen und Touristen, einige Mazedonier, Türken und Albaner
Sprache: kommt mir Griechisch vor

Süden für Linke

20 Es ist an der Zeit, den Schalter im Kopf umzulegen. Von Magaluf, Palma und Alcúdia ist es weit zu den griechischen Inseln. Nicht von den Kilometern her, insbesondere nicht per Flugzeug. Aber es ist dennoch eine sehr weite Reise. Es ist eine Reise vom Ur-Süden in den anderen Süden.

Auf der Homepage des Griechenland-Spezialisten Lilleput Reiser ist zu lesen:

> »Mag sein, dass Lilleput Reiser die kleinste Charterflug-
> gesellschaft der Welt ist. Über Lilleput Reiser wurden im
> vergangenen Jahr allerdings die meisten Flüge nach Chios
> gebucht – ungeachtet der Nationalität –, was wiederum
> einiges über Chios als Reiseziel aussagt.«

Es sagt zwei Dinge über Chios als Reiseziel aus: Dass dort nicht viele Touristen sind. Und dass viele von denen, die da sind, aus Norwegen kommen.

Es sagt auch eine Menge darüber aus, wie Griechenland-touristen ihr Lieblingsland gern sehen. Nämlich als den unbe-

rührten Süden. Als den Süden für Menschen, die mehr wollen.
Weiter heißt es auf der Lilleputseite:

>»Was wir bei Lilleput an Griechenland am meisten
schätzen, sind die große Gastfreundschaft seiner
Bewohner und die zahlreichen Rückzugsorte abseits
des Massentourismus. Es liegt nicht zuletzt an den
Lilleput-Gästen selbst, dass sie so herzlich aufgenommen
werden – nicht nur als Touristen, sondern als wirkliche
Gäste. Gäste, die Interesse für die Lebensart der
Griechen, ihre Kultur und ihre Traditionen zeigen.
Unsere Gäste sind wissbegierige Menschen, die gern
mehr erfahren wollen, als was sich hinter der nächsten
Straßenbiegung verbirgt. Sie wollen eins der zahl-
reichen noch »unentdeckten« Dörfer entdecken. Sie
wollen mehr über den Ort, mehr über die Menschen
wissen. Wie sie leben, wie sie denken, wie man die
Fremden sieht.«

Griechenlandliebhaber reden so viel von der legendären Gastfreundschaft, dass du bei der Landung des Flugzeugs beinahe
erwartest, von zehn bis zwölf griechischen Großfamilien begrüßt zu werden, die außer Rand und Band sind und sich darum
streiten, dich zum Abendessen einladen zu dürfen.

Für echte Griechenlandtouristen ist die Suche nach dem
Gegenteil nur konsequent. Wenn an einem Ort in Griechenland
nur wenige Touristen sind, wollen die Griechenlandtouristen
unbedingt dorthin. In den üblichen Süden-Reisekatalogen wird,
wie schon erwähnt, immer häufiger betont, dass man im Urlaub
auch etwas anderes erleben kann als Touristengettos. Wenn es
um Reisen nach Griechenland geht, wollen die Touristen eigentlich nur etwas anderes als Touristengettos erleben. Am besten

soll man nicht einmal auf die Idee kommen, dass es dort überhaupt Touristengettos geben könnte. Zusätzlich zu den üblichen Wendungen über das Authentische und Zauberhafte
schwelgen die Veranstalter von Griechenlandreisen auch in my-
thologischem Namedropping. Texte über Griechenland in Süden-Katalogen sind voll von Sätzen wie diesem:

> »Hier im Reich von Homer und Odysseus finden Sie
> mythische Inseln, die wie die Adonisse der Aphrodite in
> der Sonne baden, die wie der Vogel Atlantis auf seinem
> hohen trojanischen Pferd aus der Asche ins Feuer
> aufsteigt.«

Auch in Griechenland gibt es den Ur-Süden. Pauschalreisende,
die nichts gegen andere Touristen haben, gibt es dort wie in anderen Mittelmeerländern zuhauf. Auf Kos und Rhodos und an
vielen anderen Orten gibt es regelrechte Touristenmaschinen.
Doch um die soll es hier nicht gehen. Dieses Kapitel handelt
vom Inselhopping, von Leuten, die das Flugzeug nach Athen
oder auf eine der Inseln nehmen und auf eigene Faust losziehen,
um ihr persönliches Inselparadies zu entdecken.

Inselhopping in Griechenland ist der ideale Süden-Urlaub
für Menschen, die keinen normalen Süden-Urlaub mögen. Inselhopping ist das Richtige für Leute, die keine typischen Süden-
Touristen mögen. Inselhopping ist Süden-Tourismus für Inter-
railer. Der Süden für Gegner des Kommerzialismus. Der Süden
für linke Sozialisten.

Selbstverständlich reisen nicht nur linke Sozialisten nach
Griechenland zum Inselhopping, denn Griechenland ist keineswegs ein alternatives Reiseziel, selbst wenn diejenigen, die
dorthin reisen, sich wie alternative Süden-Touristen verhalten.
Im Sommer 2001 haben über zweihunderttausend Norweger in

Griechenland Urlaub gemacht. Damit war Griechenland das beliebteste Ferienland der Norweger außerhalb Skandinaviens.

Daraus kann man schließen, dass Griechenland im Sommer voller norwegischer Touristen ist, die versuchen, einander aus dem Weg zu gehen.

Denn das ganze Inselhopping hat letztlich nur ein Ziel: seine eigene Insel zu finden.

Inselhopper verbringen einen Sommerurlaub nach dem anderen an Bord von Fähren, auf der Jagd nach dem einen Ort, an den sie für den Rest ihres Lebens jeden Sommer zurückkehren können.

Eines Tages finden sie vielleicht die Insel ihrer Träume. Eines Tages finden sie vielleicht das Paradies: eine stille, beinahe menschenleere Insel ohne Tourismus. Eine Insel ohne Trubel. Wahrscheinlich ist es eine Insel, die bei Flut verschwindet, doch man kann ja nicht alles haben.

Winzige griechische Inseln sind für erwachsene Süden-Touristen das, was *The Beach* für junge Backpacker in Asien ist.

Wenn man nicht nach einer fast menschenleeren Insel sucht, dann sucht man zumindest nach einer Insel, auf der man unter Gleichgesinnten ist, wo die anderen die gleichen Vorlieben haben wie man selbst. Es besteht eine gewisse Chance, dass es diese Insel tatsächlich gibt, denn die verschiedenen griechischen Inseln ziehen unterschiedliche Touristentypen an.

Einerseits ist der Traum, seine ganz eigene griechische Insel zu finden, romantisch und faszinierend. Er zeigt, dass Touristen noch immer den Wunsch haben, das Einzigartige zu erleben.

Andererseits ist dieser Traum der endgültige Beweis dafür, wie anspruchsvoll Süden-Touristen geworden sind. Als der Süden noch in den Kinderschuhen steckte, gab man sich mit einem kleinen Nebenraum ohne Bad zufrieden. Mittlerweile ist man nicht einmal mit einem Hotelzimmer *inklusive* Bad, einer

Suite oder einer Wohnung zufrieden. Nein, es muss eine ganze Insel sein.

Es hat eindeutig Vorteile, eine Insel zu finden, auf der nicht alle anderen Urlaub machen. Der größte Vorteil ist der, dass es sich viel leichter lügen lässt. Machst du auf Gran Canaria Ferien, hat es wenig Sinn, dick aufzutragen, weil dein Gesprächspartner wahrscheinlich weiß, wovon du sprichst. Wenn du dagegen deine eigene Insel gefunden hast, kannst du von einzigartigen Naturerlebnissen und schönen Freundschaften mit Einheimischen erzählen, ohne dass jemand den Wahrheitsgehalt nachprüfen kann.

Inselhopping in Griechenland ist eine Form von Süden-Ferien, die uns Norwegern aus verschiedenen Gründen entgegenkommt. Man kann zum Beispiel mit einem Rucksack herumlaufen. Das ist für Norweger immer ein Plus. Man hat nämlich das Gefühl, etwas geschafft zu haben, wenn man ein wenig mit dem Rucksack unterwegs gewesen ist. Koffer sind dekadent.

Außerdem ist die Suche nach einer eigenen Insel vergleichbar mit dem Verhältnis der Norweger zur heimischen Natur. Zu Hause sind wir auch auf der Suche nach dem einsamen Ort, wo niemand uns erreichen und niemand uns sehen kann, wo wir ganz allein dasitzen und norwegisch sein können. Der griechische Traum von der Insel gleicht dem norwegischen Traum von der Hütte. Nicht der Komfort ist das Wichtige, sondern dass man einen Ort findet, wo es schön ist und wo nicht so viele andere sind. Der Traum vom Inselhopping in Griechenland ähnelt dem Traum, allein und mucksmäuschenstill an dem Angelplatz zu sitzen, den du als einziger in der Gemeinde kennst. Inselhopping in Griechenland ist ein bisschen wie Fjellwandern in Norwegen. Nur dass in Hellas gutes Wetter ist. Mücken gibt es übrigens auch.

Norweger lieben es, in den Ferien ein wenig zu werkeln. Ein Wochenende auf der Hütte ist kein Erfolg, wenn du nicht ein paar Löcher abgedichtet, ein paar Steine bewegt, ein paar Pinselstriche gemacht, ein paar Terrassenplatten verlegt oder zumindest ein paar Möbelstücke von einem Ende der Hütte zum anderen und wieder zurück geschoben hast.

Auf den griechischen Inseln dürften sich Aktivitäten dieser Art in Grenzen halten. Egal wie gastfreundlich die Griechen auch sind, glaube ich nicht, dass sie allzu begeistert wären, wenn nach dem Mittagessen ein verschwitzter Norweger mit Maurerkelle vor ihrem Haus stünde und sagte: »Ich hab mal eben die Terrassenplatten erneuert.«

Doch als Inselhopper gibt es dafür andere Dinge zu regeln und zu organisieren. Du musst Fährrouten recherchieren, Pläne schmieden und eine Menge Preise vergleichen. Und du musst viel gehen. Das ist immer gut. Ein Inselhopper nimmt nicht einfach das erstbeste Hotel, selbst dann nicht, wenn es wirklich das beste Hotel ist. Der Inselhopper läuft erst mal herum und redet mit allen Hotelbesitzern und Zimmervermietern auf der Insel. Er geht auch in ein paar Privathäuser und erkundigt sich nach dem aktuellen griechischen Preisniveau. Dann kommt er zurück zum erstbesten Hotel und checkt dort ein.

Genau wie Hüttentouristen lieben auch echte Inselhopper in den Ferien ein bisschen Widerstand.

* * *

Während es den Süden-Touristen – zumindest nach veralteter landläufiger Meinung – egal ist, in welchem Land sie sich gerade befinden, wissen Griechenlandtouristen umso besser, in welchem Land sie sind. Oft sogar besser als die Einheimischen. Touristen, die sich für so selbstständig und alternativ halten, dass sie auf eigene Faust in Griechenland unterwegs sein wollen, sind häufig Menschen, die den norwegischen Nationalstolz

eher kritisch sehen. Im Griechenlandurlaub hingegen befür-
worten sie häufig einen griechischen Nationalstolz, der den der
echten Griechen noch übersteigt. Es würde mich nicht wun-
dern, einen norwegischen Touristen zu sehen, der einen griechischen Tavernenwirt auf Englisch beschimpft, weil das Lokal
neuerdings eine Speisekarte auf Norwegisch hat. Vielleicht hat
es damit zu tun, dass etliche norwegische Griechenlandtouristen Griechen werden wollen, wenn sie groß sind. Auf der Homepage von Hellashus steht, dass diejenigen, die *ihre* Insel gefunden haben, jetzt auf ihrer Insel nach *ihrem* Haus suchen:

> »Da viele Touristen nach Paros und Antiparos reisen,
> nimmt die Anzahl derer zu, die auf den Kykladen eine
> Immobilie erwerben wollen. Hier gibt es kristallklares
> Wasser, liebliche Strände, schöne Natur und kleine
> Dörfer mit gemütlicher und freundlicher Atmosphäre.
> Hier ist man weit entfernt von Verkehrsproblemen,
> Stress und Kriminalität! Hier begegnet man freundlichen
> Menschen, die einen stets willkommen heißen, und man
> findet schnell Kontakt zu den Einheimischen.«

Hier haben wir sie wieder, die gastfreundlichen Einheimischen.
Ich hoffe nicht, dass die Einheimischen dergleichen lesen und
erfahren, wie hoch die Erwartungen sind, die wir an sie stellen.

Aber die Kykladen sind bestimmt eine schöne Region, in
der sich nach einer eigenen Insel suchen lässt. Im Katalog des
Reiseveranstalters Apollo heißt es:

> »Diese Inseln mitten im Ägäischen Meer haben das
> Urbild der griechischen Insel geschaffen. Hier erinnern
> die Häuser an weißen Würfelzucker mit knallblauen oder
> erbsengrünen Fensterrahmen. Die Berge sind steil,

die Strände goldgelb und das Meer ist blau und klar.
Das elegante Mykonos, das Paros der Inselhopper und das
authentische Naxos, das herrliche Syros, das wilde Ios und
das fantastische Santorini – jede hat ihr eigenes Gepräge
und zusammen mit den zahlreichen kleinen Inseln ergeben
sie das Bild eines unvergleichlichen Archipels.«

Auf das elegante Mykonos und das wilde Ios komme ich zurück,
doch zuerst: das fantastische Santorini.

Einem oberflächlichen, mit Popkultur abgefüllten Kind der
Achtzigerjahre dürfte eine Insel, die immerhin die Bands Torry
Enghs und Shatoo inspiriert hat, zumindest nicht völlig uninte-
ressant erscheinen. In der Tat ist Santorini ein Postkartenidyll. Es
ist dort beinahe idiotisch schön. Es ist so dramatisch und spektakulär, dass du glaubst, es sei alles nur arrangiert. Ja, die Insel ist
so schön, dass ich, wenn ein Esel durchs Restaurant spaziert, eigentlich nur denke: Jetzt übertreiben sie es aber ein bisschen.

Statt etwas viel Logischeres zu denken, zum Beispiel: Was
macht denn ein Esel im Restaurant?!

Alles ist so, wie es sein soll. Die weißen Würfelzuckerhäuser, die sich an die Hänge klammern. Die blauen Fensterrahmen. Das blaue Meer. Esel im Restaurant.

Jetzt gilt es nur, Einheimische zu finden und mit ihnen in
Kontakt zu kommen.

Aber wo sind sie?

* * *

Es stellt sich heraus, dass sie sich in der Two Brothers Rock Bar
aufhalten.

Santorini ist keine der Inseln, die den touristophobsten
Inselhoppern auf den entsprechenden Websites am wärmsten

ans Herz gelegt werden. Will sagen, ein Besuch der Insel aufgrund ihrer besonderen Schönheit wird durchaus empfohlen, aber es ist keinesfalls die griechische Insel mit den wenigsten Touristen. Die Hauptstadt Fila ist voller Touristen. Aus nachvollziehbaren Gründen.

Aber in der Two Brothers Rock Bar sind nur Griechen. Junge Griechen. Und ein Barkeeper, der viel zu alt aussieht, um dort zu arbeiten. Und der außerdem eine ziemlich lächerliche Frisur hat, ohne dass ich das gegen ihn verwenden möchte.

Und sie hören Hardrock. *Griechischen* Hardrock.

Man kann sicher das eine oder andere über diese Bar sagen. Unbedingt erwähnt werden sollte, dass man nirgendwo in der Two Brothers Rock Bar sehen kann, dass man sich in einer wunderschönen Stadt auf einer wunderschönen Insel befindet, ganz egal wie groß man ist, ob man springt oder sich streckt oder sich nach links oder rechts lehnt. In der Bar ist es dunkel und muffig. Sie könnte an jedem x-beliebigen Ort liegen, abgesehen davon, dass man wahrscheinlich an nicht allzu vielen Orten der Welt griechischen Hardrock spielt.

Mich überkommt die Lust, die undankbaren Jugendlichen da drinnen am Kragen zu packen und zu sagen: »Hört mal zu, Kids, ihr könnt doch nicht hier drinnen in einer dunklen Bar hocken, wenn ihr an einem so wunderschönen Ort wie diesem lebt!« Und fühle mich dabei wie die Erwachsenen, die es vollkommen verrückt fanden, dass wir als Jugendliche drinnen saßen und fernsahen, wenn draußen schönes Wetter war.

Wenn ich ein wenig nachdenke und den griechischen Hardrock auf mich wirken lasse, habe ich volles Verständnis für die jungen Leute. Wer hier aufgewachsen ist, läuft natürlich nicht jeden Tag durch die Straßen und ruft begeistert: »Oh, wow, ein weißes Haus mit blauen Fensterläden!«, oder: »Oh mein Gott, wie steil und dramatisch!«, oder: »Guck mal da, ein Esel!«

Ich bin mit der Aussicht auf eine Landschaft aufgewachsen, bei deren Anblick Reisenden aus aller Welt der Atem stockt, womit ich auch gern angebe. In meiner Jugend habe ich etliche Male den Geirangerfjord gesehen, eine der bekanntesten Touristenattraktionen Norwegens. Mindestens so oft bin ich an dem spektakulärsten Aussichtspunkt vorbeigefahren, ohne mich auch nur einmal umzudrehen.

Nicht dass ich den Geirangerfjord mit Santorini gleichsetzen will. Geiranger ist etwas völlig anderes als Santorini. In Geiranger würden die Leute ausgesprochen heftig reagieren, wenn ein Esel durchs Restaurant liefe.

Aber es ist absurd, von den Einheimischen zu verlangen, ständig in Begeisterungsstürme über ihren Heimatort auszubrechen, der natürlich für sie nicht so bestürzend schön aussieht wie für uns, die ihn zum ersten Mal sehen. Da sieht man, wie einem der Aufenthalt in einem Postkartenidyll den Kopf verdreht. Es dauert einige Zeit, bis ich begreife, dass jemand hier an etwas anderes denken kann als an die Schönheit dieses Orts und dass jemand sich mit etwas anderem beschäftigen kann als damit, diese Schönheit zu würdigen.

Außerdem hatte ich keine Ahnung, dass es griechischen Hardrock gibt.

Man denkt schließlich nicht ständig über all das nach, was neben dem eigenen Touristenerlebnis existiert, über all die Menschen, die ihr Leben mitten im Postkartenidyll leben. Touristen kann es schwerfallen zu akzeptieren, dass die Menschen sonntags frei haben. Und es kann eine Weile dauern, bis man geschluckt hat, dass es im Postkarten-Griechenland auch pubertierende Jugendliche gibt, die laute Musik lieben. Aber das ist ganz normal. Vielleicht sogar notwendig. Vielleicht wollen sie es laut und hässlich, weil sie aus einer Umgebung kommen, die so friedvoll und schön ist. Nach einer Weile habe ich also volles Verständnis für sie.

Ein wenig später kommt es mir sogar so vor, als würde ich die griechischen Hardrocktexte verstehen. Nicht dass ich ein Ohr für Sprachen habe, mit dem ich im Zirkus auftreten könnte. Der Grund dafür, dass ich die griechischen Texte zu verstehen beginne, ist, dass der flaschenbodenbebrillte und sehr junge Diskjockey seine jungen Gäste nicht nur beim gemeinsamen Gesang und beim gemeinsamen Headbangen anleitet, sondern auch ständig auf Dinge in der Bar zeigt. Für jedes Wort im Text zeigt er auf einen neuen Gegenstand. So kann man sich eine Auffassung davon bilden, wovon der Text handelt. Einer der Texte muss ungefähr so gelautet haben:

So sehr lieb ich dich, Baby,
wie dieser CD-Ständer hoch ist.
Du bist so gut, Baby,
Genauso gut wie diese halbvolle Flasche Heineken.
Du bist die Größte, Baby,
Genauso groß wie die Wand dort.
Wir zwei
Werden immer zusammenbleiben.
Wir zwei
Und dann noch der Barmann mit der komischen Frisur,
Denn er ist mein Kumpel,
Auch wenn er hundert Jahre älter ist als ich, Baby.

Ah! Schon am ersten Abend eine ergiebige Begegnung mit den Einheimischen. Eines Tages werde ich versuchen, mit einem der klugen alten Griechen ins Gespräch zu kommen. Sie sind wohl die echte Lokalbevölkerung.

Die Sonne spürt den Erwartungsdruck

21 Manchmal tun mir Touristenattraktionen leid. Welchem Druck sie ausgesetzt sind! Jede Stunde, jeden Tag, das ganze Jahr, über hunderte von Jahren hinweg müssen sie Leistung bringen. Manche von ihnen tausende von Jahren.

Touristenattraktionen können sich nie entspannen, nie können sie am Montagmorgen etwas länger liegenbleiben. Nie können sie am Freitag ein wenig früher gehen, um es noch vor der Rushhour zur Hütte zu schaffen. Sie können nicht einfach einen Tag freinehmen, wenn sie nicht gut drauf sind. Sie haben nie Urlaub. Sie können nie herumreisen und andere Touristenattraktionen besuchen.

Wenn wenigstens alle beispielsweise im Februar eine Woche freibekämen, dann könnten sie sich zum Erfahrungsaustausch treffen. Ein bisschen über Touristen zu lästern, würde ihnen bestimmt helfen und ihnen neue Kraft für den Alltag geben. Es ist gut, mal etwas Druck ablassen zu können.

Touristenattraktionen können sich nie einen schlechten Tag erlauben. Man stelle sich nur vor, welchen Aufstand es geben würde, wenn Mona Lisa eines Tages stinksauer wäre, statt wie immer an der Wand zu hängen und unergründlich zu lächeln. Touristenattraktionen dürfen bei der Arbeit nicht sauer sein. Wer schon einmal bei der Arbeit richtig schlechte Laune gehabt hat (und das sind viele), der weiß, wie zutiefst zufriedenstellend das sein kann. Touristenattraktionen dürfen das nie erleben. Sie müssen sich immer von ihrer besten Seite zeigen. Ständig präsentabel sein. Sie können nicht erst gegen elf Uhr aufkreuzen, unrasiert und verkatert, und das Kantinenpersonal anschnauzen.

Allerdings frage ich mich, ob nicht Touristenattraktionen zumindest ab und zu schwer seufzen, wenn alle anderen gerade wegschauen. Ich meine einmal gesehen zu haben, wie Mona Lisa die Augen verdrehte, als ein paar junge deutsche Touristen an ihr vorbeigingen und behaupteten, sie wäre von Leonardo di Caprio gemalt worden. Aber niemand hat mir geglaubt. Stattdessen haben sie sich besorgt erkundigt, ob ich genug Schlaf bekäme.

Ich frage mich, warum Touristenattraktionen nicht häufiger ausrasten und sich komplett verweigern. Oder Krisen haben, innehalten und sich fragen, was der Sinn des Ganzen ist und ob das Leben wirklich nicht mehr zu bieten hat. Es wundert mich, dass wir nicht öfter Phänomene erleben wie Wasserfälle, die plötzlich nicht mehr fallen. Eines Tages denkt sich vielleicht der Niagara-Fall: Nein, verdammt, ich hab keinen Bock mehr. Ich hau ab. Soll doch ein anderer herkommen und herabfallen und sehen, wie ätzend das ist.

Wenn jemand nach dem Besuch einer bekannten Touristenattraktion erklärt, das Erlebnis sei nicht so fantastisch gewesen, wie alle anderen behaupten, dann frage ich mich, ob es daran liegt, dass die Touristenattraktion allmählich die Lust verliert. Dass sie vielleicht nicht mehr ihr Bestes gibt wie am Anfang, als sie neu in dem Job war, jung, hungrig und ehrgeizig.

* * *

In Oia auf Santorini muss man vor allem den Sonnenuntergang erleben. Bekanntlich kann man die Sonne auch anderswo untergehen sehen, aber den Reiseführern zufolge ist Oia der Ort, wo man den Sonnenuntergang in seiner eindrucksvollsten und romantischsten Version erleben kann.

Offensichtlich werden diese Bücher von vielen gelesen. Bereits eine Stunde vor dem Sonnenuntergang füllen sich die besten Plätze. Die Menschen stehen und sitzen mit oder ohne Fotoapparat auf Dächern, Terrassen, Felsvorsprüngen, Mauern oder aufeinander. Sogar die Fähre, die unterwegs zu einer der Nachbarinsel ist, hält an, damit die Passagiere das Großereignis mitbekommen. Viele sind nur deswegen zur Insel gekommen. Sie treffen am Nachmittag mit dem Bus ein, stellen sich hin und warten, bis die Sonne untergegangen ist. Dann fahren sie wieder.

Das muss die Sonne jeden Abend aushalten: Busse voller erwartungsfroher Ankömmlinge. Fähren, die anhalten. Dächer, Balkons, Terrassen, Felsvorsprünge und Straßen voller Touristen. Viele sind von weither angereist. Etliche von ihnen haben ihr ganzes Erspartes geopfert. Manche sind hergekommen, um gefährdete Ehen zu retten. Die Zukunft ihrer Kinder kann von diesem Sonnenuntergang abhängen. Viele sind hergekommen, um das ultimative Sonnenuntergangsfoto aufzunehmen. Sie haben zu Hause schon einen Platz an der Wand reserviert, wo es dann hängen soll.

Und jetzt stehen sie alle hier, mit verschränkten Armen, betrachten die Sonne und denken:

»Los, komm schon, du Sonnenbiest, zeig mal, was du drauf hast.«

Was für ein Stress. Eines Tages muss es doch zu viel werden. Eines Tages ist Schluss. Vielleicht heute. Vielleicht ist genau heute der Tag, an dem die Sonne die Nase voll hat und nicht mehr mitmacht.

Vielleicht hat die Sonne einen richtig schlechten Tag erwischt. Vielleicht hat sie sich mit dem Mond gestritten, bevor sie zur Arbeit ging, und hat während des Aufgehens über all das nachgedacht, worüber sie sich gestritten haben. Vielleicht hat der Mond es satt, dass sie sich nie mehr sehen. Tagsüber ist die Sonne die ganze Zeit im Einsatz, und wenn sie endlich nach Hause kommt, dann muss der Mond zur Arbeit. Vielleicht kann der Mond es einfach nicht mehr mit ansehen, dass die Sonne sich jeden Abend vor den Touristen zeigt.

»Du kannst ja nie direkt nach der Arbeit nach Hause kommen wie normale Leute«, hat der Mond ihr vielleicht auf seine sarkastische Art nachgerufen, als sie die Tür hinter sich zuschlug und das Haus verließ, um aufzugehen. »Nein, du musst ja rot und fett und schön am Himmel hängen und noch eine halbe Stunde angeben, bevor du dich dazu herablässt, nach Hause zum Mond und zu den Kindern zu kommen.«

Vielleicht hat die Sonne ein schlechtes Gewissen wegen dieser Sache mit den Kindern, den kleinen Sonnenstrahlen und den Mondstrahlen, die nie einen Freizeitpark besuchen oder mit dem Teddyclub in die Charterferien fahren können. Und vielleicht ist sie wütend auf den Mond, der ihr die Schuld an allem gibt. Der Mond ist nicht mehr zu Hause als sie. Er ist immer die ganze Nacht auf Achse und treibt weiß Gott was.

Vielleicht passiert es genau heute Abend. Vielleicht trifft die Sonne gerade heute eine Entscheidung und beschließt, dass es wichtigere Dinge gibt, als sich den Touristen zu zeigen. Vielleicht ist dies der Abend, an dem wir nicht erleben dürfen, was in den Führern geschildert wird: die imposante, überwältigende rote Sonne, die Meer, Himmel und Wolken färbt. Vielleicht ist dies der Abend, an dem wir stattdessen einen klitzekleinen Tischtennisball sehen, der es eilig hat, nach Hause zu kommen.

Während die Leute auf den Dächern und Balkons und Terrassen und Felsvorsprüngen und an Deck der Fähre stehen und gaffen. Mehrere von ihnen haben für diesen Sonnenuntergang zwei Urlaubstage angesetzt. Den ersten Tag, um den perfekten Platz zu finden, wo sie ihre Kamera aufstellen können, den zweiten Tag, um das Foto zu machen. Am zweiten Tag sind die Eifrigsten schon in der Mittagszeit zur Stelle und lassen sich bei vierzig Grad stundenlang von der Sonne braten, um sicher zu gehen, dass ihnen niemand den besten Platz streitig macht.

Wenn es so weit kommt und die Sonne tatsächlich wegbleibt, wird es einen Aufruhr geben. Die Leute werden pfeifen. Sie werden ihr Geld zurückverlangen. Busse werden umgestürzt werden.

Wenn alle Stricke reißen, bin ich bereit, die Sonne zu verteidigen. Es ist ihr gutes Recht, einen schlechten Tag zu haben und womöglich ganz neue Lebensentscheidungen zu treffen. Es gibt schließlich mehr im Leben als unterzugehen.

Aber es passiert natürlich auch diesmal nicht. Die Sonne ist an diesem Abend vielleicht nicht in Höchstform, aber sie macht ihren Job. Vielleicht läuft alles inzwischen etwas routinemäßig ab. Die Leute bekommen auf jeden Fall ihre Fotos und kehren zufrieden zu ihren Bussen zurück. Die Fähren nehmen wieder Fahrt auf, und die Sonne hat Feierabend.

* * *

Ein Bekannter wurde einmal von seiner Reisegruppe gefragt, ob er glaube, dass die Sonne im Süden dieselbe sei wie zu Hause in Norwegen.

Ich bin mir da wirklich nicht ganz sicher.

Dritter Anfall von Süden-Paranoia

22 Costas sieht sofort, dass der Mann einer von denen ist. Vielleicht ist es die aufgesetzt freundliche Art, wie er die Touristen grüßt. Oder wie er betont langsam durch die Straßen schlendert und sich lächelnd nach rechts und links umschaut. Als sähe er alles zum ersten Mal. Als sei er wirklich überwältigt davon, wie schön alles ist. Dabei weiß Costas, dass der Mann hier wohnt und jeden Tag durch diese Straßen geht. Und dass er einer von denen ist.

Sie bewegen sich immer gleich, schlendernd, lächelnd. Aber die Art, wie sie schlendern und lächeln, hat etwas Bedrohliches. Costas und die anderen Einheimischen wissen, dass sie sich nicht lächelnd umschauen, weil sie den Anblick genießen, sondern weil ihnen nichts entgehen soll. Sie sind immer wachsam, aufmerksam. Sie verfolgen alles, was passiert. Sie sorgen dafür, dass alles seine Ordnung hat. Und ihr scheinbar planloses Schlendern durch die engen kopfsteingepflasterten Gassen hat immer ein Ziel. Diesmal ist es Costas.

»Na, wie geht's?«

Costas weiß, dass der Mann nicht gekommen ist, um einen Plausch zu halten. Ihm wäre es am liebsten, wenn er gleich zur Sache käme.

»Ich habe gehört, du warst in der Stadt?«, fährt er fort.

Scheißdenunzianten, denkt Costas.

»Und wenn schon?«, sagt er. »Ist es etwa verboten, in die Stadt zu fahren?«

»Aber nein doch.«

Costas sieht, was der Mann gerade denkt: Leider nicht.

»Jemand hat dich im Farbengeschäft gesehen.«

Mist, verdammter.

»Was wolltest du denn im Farbengeschäft?«

»Was glaubst du? Was tut man in Farbengeschäften?«

»Es besteht kein Grund, sarkastisch und wütend zu werden. Du weißt, dass wir das hier im Dorf nicht schätzen. Ein bisschen Freundlichkeit schadet nie.«

»Ich habe in dem Laden nichts gekauft. Ich habe mich nur umgesehen.«

»Wir haben hier im Dorf auch ein Farbengeschäft. Ist das etwa nicht gut genug?«

»Im Geschäft in der Stadt gibt es eine größere Auswahl.«

»In unserem Laden hier ist die Auswahl groß genug. Wir haben alles, was du brauchst. Wir haben Kalk, wir haben weiße Farbe, und wir haben blaue Farbe.«

»Ich weiß.«

»Das sind die Farben, die wir hier im Dorf mögen.«

»Ich weiß, ich weiß.«

»Und weil wir hier im Dorf einen freundlichen Umgang schätzen, wollen wir dein Haus nur ungern durchsuchen. Also sag bitte die Wahrheit: Hast du in der Stadt rote Farbe gekauft? Oder etwa grüne?«

»Nein, ich habe nichts gekauft.«

»Hast du vor, dein Haus zu streichen?«

»Ich habe nicht vor, irgendetwas zu streichen.«

»Denn du weißt ja, dass wir hier im Dorf rote Häuser nicht mögen, oder?«

»Natürlich.«

»Hier im Dorf mögen wir Weiß und Blau.«

»Das weiß ich.«

»Sie werden Würfelzuckerhäuser genannt, Costas. Aber du findest sie vielleicht gar nicht so hübsch?«

»Doch, doch.«

»Würfelzucker ist nicht rot, weißt du.«

»Nein.«

»Wir schätzen wie gesagt die Freundlichkeit hier im Dorf, deshalb hat niemand gern getan, was mit Stavros getan werden musste, als er damals seine Fensterrahmen rosa gestrichen hatte.«

Costas fröstelt.

»Hier im Dorf mögen wir die Idylle, Costas. Hast du etwas gegen Idylle?«

»Nein, natürlich nicht.«

»Denn wenn du was dagegen hast, dann gibt es genug andere Orte, wo du wohnen kannst.«

»Jetzt hör mal zu ...«

»Reg dich jetzt nicht auf. Immer freundlich bleiben.«

»Entschuldigung.«

»Aber du bist vielleicht gar nicht so freundlich?«

»Was willst du damit sagen?«

»Ich will damit zum Beispiel sagen, dass du die alten Frauen vertreibst, die wir auf deine Treppe gesetzt haben.«

»Ich vertreibe sie nicht. Ich bitte sie nur, sich in den Schatten zu setzen. Es kann doch nicht gesund sein, den ganzen Tag in der brütenden Sonne zu hocken.«

»Ob das gesund ist oder nicht, entscheiden andere. Wir setzen diese alten Frauen dorthin, weil wir hier im Dorf schwarz gekleidete alte Frauen mögen. Sie tragen dazu bei, das Dorf idyllisch zu machen. Und wir mögen die Idylle, waren wir uns da nicht einig?«

»Okay, okay.«

»Und was hast du gegen Katzen?«

»Ich habe nichts gegen Katzen.«

»Warum gibst du dann den Katzen nichts zu essen?«

»Ich habe keine Katze.«

»Natürlich hast du eine Katze. Alle haben Katzen. Du weißt genauso gut wie ich, dass vor jedem Haus mindestens eine Katze liegen soll. Katzen machen sich gut vor Blau und Weiß. Deshalb haben wir die ganzen Katzen gekauft. Deshalb lassen wir sie im Dorf herumlaufen, und deshalb geben wir ihnen zu essen. Wenn du der Einzige bist, der den Katzen nichts zu essen gibt, dann ist dein Haus wieder katzenfrei und stört das Idyll. Du könntest ebenso gut dein Haus rot anstreichen. Oder die Fensterrahmen rosa.«

»Es ist nur so, dass ...«

»Wenn es so ist, dass du weder Katzen noch alte Frauen in Schwarz magst, dann gibt es genug andere Orte, wo du wohnen kannst. Orte, wo die Menschen nicht so viel Wert darauf legen, wie es um sie herum ausschaut. Orte, wo man nicht in Würfelzuckerhäusern wohnt, sondern in engen Wohnungen. Da braucht man sich wegen alten schwarzgekleideten Frauen auf der Treppe keine Gedanken zu machen. Und wegen der Katzen auch nicht, denn bei dem Verkehr, der da herrscht, sterben die Katzen, falls sie nicht überfahren werden, an Abgasvergiftung. Wenn du unser Idyll hier nicht magst, kannst du gerne in der Großstadt wohnen.«

»Das ist es ja nicht ...«

»So leben viele Menschen, das sollte also kein Problem sein.«

»Ich weiß schon, aber ...«

»Stavros wohnt so, habe ich gehört.«

»Hör mal ...«

»Die meisten Menschen wohnen so. Nur sehr wenige haben das Glück, in einem Idyll leben zu dürfen. Aber wenn du dich nicht glücklich schätzt, hier zu wohnen, dann gibt es bestimmt viele andere, die gern ein weißblaues Würfelzuckerhaus mit schlafenden Katzen in einem ruhigen kleinen griechischen Dorf übernehmen würden.«

»Ich will nicht wegziehen. Ich werde mich anstrengen. Versprochen. Ich stelle den Frauen Essen raus und ...«

»Den Katzen, Costas, den Katzen.«

»... den Katzen Essen raus und lächele den alten Frauen auf der Treppe zu.«

»Gut. Und der Anstrich?«

»Es ist wahr, dass ich in der Stadt keine Farbe gekauft habe. Ehrenwort.«

»Was wolltest du denn dann in dem Laden?«

»Ich weiß auch nicht, was in mich gefahren ist. Mich hat einfach der Teufel geritten. Es tut mir leid. Es wird nicht wieder vorkommen. Ich war die letzte Zeit ein bisschen neben der Spur.«

»Das haben wir gemerkt. Hier im Dorf sind wir nicht neben der Spur. Wir sind freundlich.«

»Bei uns zu Hause war es in der letzten Zeit nicht ganz einfach.«

»Das haben wir auch gemerkt. Ich rede später noch mit deinem Vater. Uns ist zu Ohren gekommen, dass er tagsüber geradezu verbiestert wirkt.«

»Er ist vielleicht nicht so begeistert davon, den ganzen Tag vor einem Café sitzen und lächeln zu müssen.«

»Niemand hier im Dorf zwingt jemanden zu irgendetwas. Wir wohnen hier freiwillig. Falls er lieber woanders wohnen will, dann ...«

»Ja, ja, ja. Das hast du schon gesagt. Aber er ist gerade nicht so gut drauf.«

»Warum denn nicht?«

»Seine Frau ... meine Mutter ist gestorben.«

»Das wissen wir. Aber das ist doch kein Grund, den Kopf hängen zu lassen. Alte Frauen haben wir im Dorf genug. Soll er sich doch eine aussuchen.«

Tag 5

Einchecken auf los.
Die Frau an der Rezeption sagte: »Oh. We have many people
from Norway here.« Dann schaute sie weg und sagte nichts weiter.
So ist das also.

And a bang on the head, please

23 Über Trunkenheit kann man sagen, was man will, aber sie bringt auf jeden Fall die kreative Seite der Menschen zum Vorschein. Selbst Menschen, die Wert darauf legen, nie etwas Innovatives zu denken, legen bisweilen eine verblüffende Fantasie an den Tag, wenn es um Alkohol geht. Sogar Menschen, die Gehirntätigkeit hassen, können sich als Problemlöser von Rang erweisen, wenn das Problem mit Alkohol zu tun hat. Und es gibt viele Probleme, die mit Alkohol zu tun haben, insbesondere in der Jugend, zum Beispiel:

Woher kriegt man Nachschub, wenn man auf dem Trockenen sitzt? (Man bestellt ein Taxi, fragt den Fahrer, ob er jemanden kennt, der Alkohol zu Hause hat, und bittet ihn, zu dem Betreffenden zu fahren. Leute, die sich mit so etwas auskennen, behaupten, dass es erstaunlich oft funktioniert.)

Womit soll man nachfüllen, wenn man heimlich aus Papas Whiskyflasche getrunken hat? (Apfelmost geht, aber ideal soll Limonade sein, die so lange gestanden hat, dass die Kohlensäure raus ist. Eine Nachjustierung mit Wasser oder dunkler Lebensmittelfarbe kann sich je nach Marke als notwendig erweisen.)

Wie erzielt man die größtmögliche Wirkung mit dem Alkohol, den man hat, wenn man nicht so viel zur Verfügung hat? (Jeder, der mal ein Jugendlicher war oder Bücher über Jugendliche gelesen hat, kennt beispielsweise den Trick, dass man auf den Händen steht und mit einem Strohhalm trinkt.)

Wie bekommt man Alkohol runter, der ehrlich gesagt ungenießbar ist? (Damit sind wir endgültig in der Don't-try-this-at-home-Abteilung angekommen, aber es sei der Hinweis erlaubt, dass der Körper noch andere Hohlräume als den Mund hat. Es soll tatsächlich eine gewisse Wirkung haben, den Alkohol in die Schuhe zu schütten und eine Runde darin zu gehen. Ich habe diese Methode nie ausprobiert, es gibt gewisse Grenzen, aber ein sehr eifriger Typ, mit dem ich mich einmal darüber unterhalten habe, hat behauptet, dass es wirkt.)

Die kreativsten Problemlöser in Sachen Alkohol sind häufig die Leute, die schon früh Theorien darüber entwickelten, was man unternehmen kann, um einen rauschähnlichen Zustand zu erreichen. Die Theorien waren entweder sensationell neu oder umgearbeitete und modernisierte Versionen althergebrachten Wissens. Es waren die Leute, die eines Tages in der Schule behaupteten, dass es möglich sei, Rinde und diverse Blumen zu rauchen. Es gelang ihnen, andere dazu zu verleiten, sich an ihren Experimenten zu beteiligen. Sie waren dafür verantwortlich, dass zeitweilig die wildesten Jungs der Schule mit geheimnisvollen Blicken und den Taschen voller Löwenzahn herumliefen. Die Experimentierfreude und der Arbeitseifer im Umgang mit den Pflanzen der Natur, die sie dabei an den Tag legten, war grenzenlos, solange es um das Thema Rausch ging. Wenn ihnen jedoch im Biologieunter-

richt eine Frage gestellt wurde, saßen sie mit vollkommen lee-
rem Gesichtsausdruck da und ließen nicht die geringste Moti-
vation erkennen.

Etwas von diesem kreativen Denken hat in der Freiluft-
gastronomie an Orten überlebt, wo die Konkurrenz besonders
hart ist. Ios ist ein solcher Ort. Ios hat den Ruf, eine der ganz
großen Partyinseln Griechenlands zu sein. Dieser Ruf ist be-
rechtigt. In Ios-Stadt gibt es ebenso viele Tavernen wie Häuser.
Und die Bars dort versuchen sich gegenseitig mit großzügigen
Angeboten und originellen Einfällen zu überbieten, um Gäste
anzulocken.

Bestellst du beispielsweise in der Slammer's Bar einen
Slammer, bekommst du zuerst einen Tequila Slammer. Danach
bekommst du einen Helm und einen Schlag mit dem Hammer
auf den Kopf. In eine Bar zu gehen, um sich verprügeln zu lassen, ist in gewissen Milieus bekanntlich nicht ganz ungewöhnlich, aber das Slammer's ist, soweit ich weiß, die einzige Bar in
der Welt, die dies als Angebot auf der Karte hat. In der Shooters
Bar kannst du dir Alkohol mit einer Spielzeugpistole in den
Mund schießen lassen. Der Underground Club hat ein »Trink-
so-viel-du-willst«-Angebot. Im The Dubliner laden sie zum
»The 100-Club« ein: Ein paar hartgesottene Typen trinken hundert Minuten lang pro Minute einen Kurzen, während die übrigen Gäste zuschauen, jubeln und sie anfeuern. Andere Bars haben Schilder mit Angeboten wie:

Pro Bier ein Freibier
Pro Bier zwei Freibier
Pro Bier ein Gratis-Shot
Pro Bier drei Gratis-Shots
Trink zwei Cocktails zum Preis von einem
Drei Cocktails zum Preis von einem Bier

In diesem Sommer haben alle Bars in Ios-Stadt ein gemeinsames Angebot: Trink sieben Kurze und erhalte ein Gratis-T-Shirt mit dem Logo der Bar. Dabei reden wir nicht von sieben Kurzen im Laufe eines Abends, sondern von sieben Kurzen in möglichst kurzer Zeit. In manchen Lokalen stoppen sie die Zeit, und die Schnellsten finden ihren Namen auf einer Liste an der Wand wieder. Der Rekord liegt bei unter fünf Sekunden, falls jemand Lust haben sollte, es zu Hause auszuprobieren. Als Lohn für die Mühe dürfen die Bargäste den Rest des Abends in einem T-Shirt herumlaufen, das für die Bar Reklame macht. Ich stelle mir vor, dass dieses Angebot zu einer ganz eigenen Hierarchie innerhalb der Vergnügungsszene führen dürfte. Jemand, der am Ende des Abends sechs T-Shirts übereinander trägt, kann sich zum Beispiel ein Gyros gönnen und anschließend mit einem besseren Gewissen ins Bett gehen als jemand, der nur drei T-Shirts hat.

Es gibt bekanntlich immer jemanden, der etwas ganz Besonderes sein will. Deshalb haben einige Bars ihre eigene Variante des Ein-T-Shirt-für-sieben-Kurze-Angebots entwickelt. Die Bar Flames zum Beispiel, wo es heißt: Trink sieben Kurze und erhalte einen G-String. Wenn du also auf Ios einem jungen Mann in sieben T-Shirts und einem G-String begegnest, dann weißt du, dass er wirklich viel verträgt. Dass du dort einen jungen Mann in einem solchen Aufzug triffst, ist nicht ganz unwahrscheinlich. Du musst dort gewesen sein, um zu verstehen, was ich meine.

* * *

Ios war nicht immer eine Party-Insel für freiheitsliebende Jugendliche, die hier freien Sex praktizieren und Dinge einwerfen wollen, die bewirken, dass sie zeitweilig nicht mehr wissen, in welchem Land sie sich befinden.

Früher war Ios nämlich eine Hippie-Insel für freiheitsliebende Jugendliche, die hier freien Sex praktizieren und Dinge einwerfen wollten, die bewirkten, dass sie zeitweilig nicht mehr wussten, in welchem Land sie sich befanden.

Einer der Clubs von damals hat überlebt. Dort kann man hingehen, falls man wissen will, wie es war, als die Hippies in ihrer Hippiekleidung dasaßen und ihre Hippiemusik hörten und zusahen, wie die Hippiesonne im Hippiemeer unterging. Bestimmt haben etliche Gäste des Clubs geglaubt, sie würden die Sonne beim Aufgehen beobachten. Oder wie sie sich im Kreis dreht. Oder sie haben gedacht, dass die Sonne in einem Wahnsinnstempo auf sie zukäme. Ehrlich gesagt weiß ich darüber nicht viel. Ich war damals nicht alt genug, um allein nach Griechenland zu fahren. Aber eines weiß ich. Wenn heute manche Ios-Fahrer von damals zu einem vierzehntägigen Urlaub zurückkämen, grauhaarig und in Begleitung ihrer erstaunlich jungen Frauen in zweiter oder dritter Ehe, wären sie enttäuscht und würden behaupten, dass sich fast alles verschlechtert habe und die Stimmung oberflächlich und kalt geworden sei. Solche Leute neigen zu derartigen Ansichten. Ihre erstaunlich jungen Frauen dagegen werden positiv überrascht sein.

Denn Ios ist nicht nur eine Party-Insel geworden. Es ist eine Party-Insel für die Jugend.

Das kommt einem ziemlich absurd vor, wenn man Ios-Stadt sieht. Der Ort ist eigentlich ein großes Dorf, ein hyperidyllischer griechischer Traum mit weißen Häusern und engen Gassen und Winkeln. Es könnte ebenso gut die Romantik-Hauptstadt der griechischen Inseln sein, wenn irgendwer es einmal so beschlossen hätte. Aber offensichtlich wurde beschlossen, dass Ios-Stadt eine Partyhochburg werden sollte. Wer auf diese sonderbare Idee gekommen ist, weiß ich natürlich nicht. Aber ich tippe, dass es die exzentrische Feuerseele von Ios-Stadt war.

Er war der erste Besitzer eines Mobiltelefons. Er unterhält achtzehn, neunzehn verschiedene Einmannbetriebe. Er hat fast alles exportiert und importiert, was man exportieren und importieren kann. Er kauft Sachen, möbelt sie auf und verkauft sie weiter. Er hat nie einen anderen Arbeitgeber gehabt als sich selbst. Er ist meist unterwegs. Er lächelt viel. Er sagt häufig Sätze wie: »Ich glaube, das ist kein Problem.« Er hat lauter großartige Ideen, die sich allerdings nur selten umsetzen lassen. Eines Tages sagte er plötzlich: He, Leute, was haltet ihr davon, wenn wir unser Dorf zu einer Partyhochburg machen?

Natürlich fragt man sich, wie die Städte im Süden so unterschiedliche Images bekommen konnten. Beinahe ist man versucht sich vorzustellen, dass es in der Frühzeit des Südens eine Süden-Regierung gab, die Direktiven an alle Orte mit Stränden ausgab, in welche Richtung sie sich entwickeln sollten: Ibiza – Club-Insel. Zypern – Insel, wo Kleinkindeltern in abgeschirmten Touristendörfern wohnen können, ohne sich darüber im Klaren zu sein, dass ihre Kinder aus erster Ehe ein paar Kilometer entfernt in Ayia Napa durch die Straßen torkeln. Mallorca – Insel für Engländer, Deutsche und Skandinavier, die möglicherweise dableiben wollen. Ios – Party-Insel für die Jugend.

Gehst du tagsüber, wenn die Bars geschlossen sind, durch Ios-Stadt, erinnert nicht viel an Party, es sei denn die Tatsache, dass alle Restaurants den ganzen Tag über Frühstück servieren. Es gibt keine Kombination mit Spiegeleiern, die in Ios-Stadt nicht serviert wird. Ein Restaurant bietet sogar Frühstückspizza an: Pizza mit Eiern und Schinken, eine Art Kater-Fusion, ein Beispiel für Crossover-Küche, das sicher seine Funktion erfüllt und zu verschiedenen Zeiten an verschiedenen Orten getestet worden ist, aus einleuchtenden Gründen den internationalen Durchbruch jedoch nie geschafft hat. Abgesehen davon gleicht das Dorf also einem der Orte, die in den Süden-

Katalogen als »idyllische kleine Dörfer« beschrieben werden, »wo die weißgekalkten Häuser sich an die Berghänge klammern und die Zeit ihrem eigenen Rhythmus folgt. Hier kannst du in engen Gassen mit authentischen Tavernen umherschlendern, wo alte griechische Frauen vor ihren Häusern sitzen und dem Leben zulächeln, das an ihnen vorüberzieht.«

Das tun sie wirklich. Sogar auf Ios. Alte Frauen sitzen vor ihren Häusern und lächeln verkaterten Teenagern zu, die wie Geschlechtsorgane geformte Souvenirs kaufen. Einheimische, die vor ihren Häusern sitzen und lächeln, lassen Touristen geradezu dahinschmelzen. Aus gutem Grund. Dass sie dasitzen und den Touristen zulächeln, kann nur zwei Gründe haben.

Entweder wissen sie, dass die Touristen es lieben, und quälen sich täglich ein paar Stunden, indem sie im Dienst der Gemeinschaft an der frischen Luft vor sich hinlächeln, weil der Tourismus den Dorfbewohnern trotz allem Arbeit beschert.

Oder ihr Lächeln hat eine tiefere Bedeutung.

Ich glaube eher an die zweite Erklärung. Es gibt Grenzen dafür, wie weit man bereit ist, sich zum Wohle des lokalen Wirtschaftslebens anzustrengen. Ich komme wie gesagt selbst aus einem Ort, der im Sommer von vielen Touristen besucht wird. Doch wir haben nicht vor unseren Häusern gesessen und sie angelächelt. Wie hätte das denn ausgesehen? Die Einzigen, die etwas Ähnliches taten, waren die Einheimischen, die sich an den Warteschlangen der Fähren aufstellten und reichlich überteuerte Erdbeeren, Kaffee und Waffeln an die Touristen verkauften, aber das ist nicht ganz das Gleiche. Mehrere von diesen Leuten arbeiten heute, soweit ich weiß, als Immobilienmakler. Das nur nebenbei.

Das Fantastische ist, dass die Alten sich nicht einmal abends ins Haus zurückziehen. Manche von ihnen sitzen da und lächeln bis tief in die Nacht. Man sollte meinen, dass die Einheimischen auf einer Party-Insel alle Türen verrammeln, wenn es Abend wird, sich mit Ohrschützern in eine Ecke verkriechen und darauf warten, dass es wieder Morgen wird. Oder dass sie von April bis Oktober zu Verwandten auf eine andere Insel ziehen.

Doch das tun keineswegs alle. Ich habe eine Frau von mindestens siebzig Jahren gesehen – und das ist jetzt kein Witz –, die um drei Uhr nachts lächelnd auf ihrer Terrasse saß, weniger als zehn Meter von einem Club mit extremem Geräuschniveau entfernt, und den Takt zu Eminems »Without me« mittrat.

Als ich das sah, musste ich an eine Filmszene mit Bjørn Sundquist denken, in der er während eines Festes die Tür öffnet und sieht, wie jemand auf seiner Haustreppe steht und sich erbricht. Wenig überraschend fragt er: »Stehst du hier auf meiner Treppe und kotzt?« Dann erscheint ein breites Lächeln auf seinem Gesicht, er stößt die Tür weit auf und sagt: »Komm doch rein und kotz hier drinnen!«

So wie Sundquists Rollenfigur hier das Klischee vom jovialen Nordnorweger gestaltet, ging auch die mindestens siebzig Jahre alte Eminem-Anhängerin auf Ios zu Werke, um dem Klischee von den herzlichen und freundlichen Griechen zu entsprechen.

Andere Leute scheinen größere Probleme mit den feiernden Jugendlichen zu haben. Auf den einschlägigen Internetseiten und in Diskussionsforen zum Thema Inselhopping findet man zu Ios eigentlich nur eine Empfehlung. Sie lautet ungefähr so:

»Nimm den Bus vom Dorf in Richtung Mylopotas-Strand (bloß nicht hinfahren!!!). Bitte den Busfahrer, dich beim Mopedverleih abzusetzen. Frag den Mann mit den Mopeds, ob er dir *den Pfad* zeigen kann. Gleich hinter seinem Haus beginnt nämlich ein Pfad. Nach einer Dreiviertelstunde auf diesem Pfad kommst du zu einem verlassenen Steinhaus. Da biegst du vom Pfad ab und

fährst auf eigene Faust weiter (hinter dem Haus links).
Nach einer halben Stunde erreichst du eine Bucht, die
vollkommen frei von feiernden Jugendlichen ist.«

Andere, die sich in solchen Foren zu Wort melden, berichten erstaunt, dass Ios überhaupt nicht so schlimm sei, wenn man außerhalb der Stadt wohne und darauf achte, vor elf im Bett zu sein.

Da fragt man sich natürlich, was ein solcher Mensch eigentlich auf Ios macht.

Für Leute, die Ruhe und Frieden und menschenleere Buch-
ten suchen, gibt es bestimmt zahlreiche andere Orte zur Auswahl. Oder lockt die Herausforderung? Die Herausforderung,
die darin besteht, auf eine der größten Party-Inseln in Griechenland zu fahren, um nach dem einzigen Platz auf der Insel zu
suchen, wo nicht gefeiert wird?

Nach Ios zu reisen und alles zu tun, um feiernde Jugendliche zu vermeiden, ist ungefähr so sinnvoll, wie in den Ferien
nach Norwegen zu reisen und sein Bestes zu geben, um Fjorde
zu vermeiden. Man hat dann zwar ein anderes Ferienerlebnis,
aber das ist auch alles.

Als ich in diesen Inselhopper-Foren im Internet unterwegs
war, bekam ich mehr als einmal Lust, mich an den Diskussionen
zu beteiligen. Besonders wenn jemand einen völlig unentdeckten Platz empfiehlt, wo fast keine Menschen sind und schon gar
keine Touristen, einen Platz, wo es die ganze Zeit vollkommen
still und ruhig ist. Dann würde ich am liebsten antworten:

»Und das Beste an der Stelle, die du empfiehlst, ist, dass
du im Keller des dritten Hauses (dreimal klopfen) rechts
hinter dem Hafen jemanden findest, der ein Fahrrad hat,
das er manchmal verleiht. Wenn du dir das Fahrrad leihst,
damit eine Stunde ins Inselinnere fährst und dich hinter

dem früheren Postamt, das nicht mehr existiert, rechts
hältst und im Zickzack zwischen den Bäumen den
Berghang hinunterfährst, dann gelangst du nach einer
halben Stunde zu einem Club, wo die ganze Zeit Remmi-
demmi ist!«

Selbstverständlich darf man nach einer Woche Party Lust verspüren, dem Trubel den Rücken zu kehren. Selbstverständlich
ist es erlaubt, ein stilles Plätzchen zu finden, um Kraft zu sam-
meln für die nächste Nacht. Aber nach Ios zu reisen, um in erster Linie feiernde Jugendliche zu vermeiden, ist wie nach Paris
zu fahren, um in erster Linie Big Ben zu sehen.

Auch in den gedruckten Reiseführern wird Ios häufig in
Wendungen wie den folgenden beschrieben:

»Ios ist ein lärmender Ameisenhaufen von Teenagern auf
der Suche nach Sonne, Sex und Strand.«

»Ios ist das *enfant terrible* der griechischen Inseln.«

»Die meisten sind wegen drei Dingen hier: Party, Party,
Party. Die Insel hat aber auch wunderbare Strände und
eine schöne Natur.«

* * *

All dies sind wahrscheinlich Umschreibungen für:

»Wahnsinn, sieht aus, als hätten die einen Riesenspaß.
Warum habe ich als Teenager nicht so was gemacht,
statt allein in meinem Zimmer zu hocken und Emo-Rock
zu hören?«

Denn die Wahrheit ist: Du musst schon ziemlich griesgrämig sein, um auf Ios nicht gute Laune zu bekommen. Wenn du dich auf den Marktplatz setzt und die Jugendlichen betrachtest, dann musst du ganz schön miesepetrig drauf sein, um im Laufe einer Nacht nicht mindestens einmal zu lachen. Und du musst schon total verquer sein, wenn du eine Mädelsclique oder eine Kumpelgang jubelnd durch die Straßen tanzen siehst und als Einziges denkst: »Aber was ist mit der Natur, Leute? Die Natur!« Du musst extrem gegen den Strich gebürstet sein, wenn du dieses lebendige Treiben beobachtest und dich in erster Linie darüber ärgerst, dass viele dieser Jugendlichen wieder nach Hause fahren, ohne das Geringste über griechische Mythologie gelernt zu haben. Du musst geradezu bockig sein, um nicht wenigstens heimlich zu schmunzeln, wenn du ein Lokal betrittst, das aussieht wie ein unnahbarer, hip glitzernder Club, und dann eine Gruppe Achtzehnjähriger erblickst, die sich ausschütten vor Lachen, während sie den verunglückten Versuch unternehmen, Sirtaki zu tanzen.

Ja, und du musst bösartig sein, um nicht zu verstehen, dass auch diese Jugendlichen ihre griechische Insel gefunden haben. Sie haben nur nach etwas anderem Ausschau gehalten als die übrigen Inselhopper.

Natürlich ist Ios voll von feiernden Jugendlichen und Bars mit krass alkoholfixiertem Unterhaltungsangebot. Aber es ist keine Orgie von schlimmer, aggressiver Teenagersauferei mit anabol aufgepumpten Türstehern. In erster Linie ist Ios eine Orgie von extrem guter Laune. Wenn du Beispiele für schlimme, aggressive Teenagersauferei sehen willst, kann ich verschiedene Orte in den ländlichen Regionen Norwegens empfehlen.

Es besteht ein wesentlicher Unterschied zwischen dem Nachtleben an einem Ort wie diesem und dem Nachtleben in den Heimatorten der jungen Leute, die hier sind, was vermutlich daran liegt, dass der Süden etwas *anderes* ist: Alles, was mit Hip-Sein zu tun hat, ist hier aufgehoben.

Es gibt keinen, der nicht irgendwo hineinpasst. Egal wer und was du bist, wo du herkommst, wie du redest, wie du aussiehst, was du anhast: keiner lacht über dich, keiner sieht dich von oben herab an oder flüstert über dich. Wenn du dabei sein willst, darfst du das auch. Steht jemand in der Tür, dann steht er da, um dich hereinzuholen, nicht um dich am Hereinkommen zu hindern. Und wenn du mittanzen willst, bist du herzlich willkommen. Willst du ausnahmsweise mal auf dem Tisch tanzen, ist auch das völlig in Ordnung. Hier darf der Supernerd vierzehn Tage lang König sein.

Und selbst wenn das Durchschnittsalter niedrig ist, würde ein Fünfzigjähriger überall mit offenen Armen und Jubel aufgenommen. Oder dürfte in aller Ruhe in einer Ecke stehen und schmunzeln, wenn er das wollte. Ich kenne mehrere Fünfzigjährige, denen eine Tour hierhin nicht geschadet hat. Auf Ios können alle für eine Woche oder zwei der Mittelpunkt der Party sein. Während das Nachtleben zu Hause häufig von komplizierten Codes und Altersgrenzen geprägt ist, die alle unter zweiundzwanzig dazu zwingen, am Samstagabend in einem Keller oder auf einer Rückbank zu sitzen, sind die Regeln hier ganz einfach:

Entweder du tanzt und singst. Oder aber du gehst vor elf ins Bett.

Am Tag darauf schläfst du am Strand oder entspannst dich um drei Uhr nachmittags bei einer Frühstückspizza.

AUS DEM REISETAGEBUCH
GRIECHENLAND

Tag 6

IOS

Hab einen Schweden gesehen, der sich in einem Restaurant
mit seiner Liebsten stritt. Er war angetrunken und trug eine
Zorro-Maske, Umhang, Sandalen, Shorts und das Uniformhemd
der schwedischen Polizei. Aus irgendeinem Grund schien sie
ihn ernst zu nehmen.

Ausgeflippt

24 Bist du in der letzten Zeit in ein paar guten österreichischen Rockbars gewesen? Nein? Das habe ich mir gedacht.

Vielleicht bist du überhaupt noch gar nicht in vielen österreichischen Bars gewesen? Nein? Das habe ich mir auch gedacht.

Auf Ios gibt es viele seltsame Dinge, natürlich, aber ich glaube, österreichische Bars sind das Exotischste. Und von den österreichischen Bars ist die österreichische *Rock*bar die allerexotischste. Nicht dass es mit dem Lokal etwas Besonderes auf sich hätte. Es ist eine ganz gewöhnliche Bar, die ganz gewöhnliche Rockmusik spielt, nach der man tanzen oder singen kann. Das einzig Besondere an dieser Bar ist, dass sie sich österreichische Rockbar nennt. Es gibt nicht viele Lokale, die sich österreichische Rockbar nennen, zumindest nicht außerhalb von Österreich.

Es gibt einen klassischen Witz über die Unterschiede zwischen den europäischen Völkern. Der Witz klingt jedes Mal ein kleines bisschen anders, wenn ich ihn höre, aber im Wesentlichen geht er so:

Der Himmel ist: englische Polizisten, deutsche Mechaniker, französische Köche und italienische Liebhaber in einer von Schweizern organisierten Gesellschaft.

Die Hölle ist: englische Köche, deutsche Polizisten, französische Mechaniker und Schweizer Liebhaber in einer von Italienern organisierten Gesellschaft.

Wenn man den Witz abändert und auf das Nachtleben bezieht, wäre der Himmel vielleicht ein irisches Pub mit Gemeinschaftssingen, ein französisches Gourmetrestaurant, eine deutsche Kneipe und eine italienische Pizzeria.

Die Hölle wären ein französisches Pub mit Gemeinschaftssingen, ein irisch-deutsches Gourmetrestaurant und eine österreichische Rockbar.

Es gibt Dinge, die passen, und Dinge, die nicht passen.

Und österreichische Rockbars sind einfach daneben, daneben, daneben.

Klischees über verschiedene Nationen und Völker blühen und gedeihen weltweit, insbesondere aber in Touristenorten, wo die gastronomischen Angebote zahlreich und konzentriert sind. Irische Pubs findet man überall. Weil das Klischee von den Iren besagt, dass sie gut sind im Biertrinken, gut im Schwatzen und gut in spontanem, gemeinschaftlichem Singen. Sie haben nie zugelassen, dass Hungersnöte und Unterdrückung sich zwischen sie und ein Pint Guinness drängen konnten. Sie sind dafür bekannt, der Armut und dem Elend mit Promille und einer guten Räuberpistole zu begegnen. Wenige Nationalitäten sind so gut darin, Trunkenbolde zu sein, wie die Iren. Außerdem sind die Iren bekannt dafür, ungewöhnlich viele Schriftsteller und Popstars zu haben. Selbst alkoholisierte Analphabeten sind in Irland große Schriftsteller, um nicht von all den Schriftstellern zu reden, die wünschten, sie wären Iren. Alle Schriftsteller, die gern Iren wären, ärgern sich bestimmt über das, was sich heute alles irisches Pub nennt. Sie vertreten gern die Ansicht, dass Irland seinen ursprünglichen Charakter verloren habe, seit die Iren aufgehört hätten, romantische Trunkenbolde zu sein, und sich auf geregelte Arbeit, anständiges Einkommen und ähnlich langweilige Dinge verlegt hätten. Das irische Pub ist nicht länger eine Heimstatt des Geschichtenerzählens, des gehobenen Geschwafels und sentimentaler Volksmusik, betrieben von den Nachkommen irischer Auswanderer in fremden Ländern. Es gibt zwar viele irische Auswanderer, aber *so* viele dann doch nicht. Heute ist ein irisches Pub eine gute Geschäftsidee, weil Wörter wie »Dubliner«, geschrieben in grüner Schrift, für viele Menschen, prima Stimmung und gute Musik stehen. Und wahrscheinlich sitzt ein amerikanischer Student in einer Ecke, schlägt auf eine Trommel und glaubt, er sei irisch. Man braucht natürlich nicht irisch zu sein, um ein irisches Pub zu betreiben.

Süden-Reisen können dich auch auf unangenehme Art daran erinnern, welche Klischees es über deine eigene Heimat gibt. Zum Beispiel hält sich die Begeisterung von Niederländern vermutlich in Grenzen, wenn sie bemerken, dass beinahe alle Angebote, die mit Sex zu tun haben, »Amsterdam« heißen. Im Süden wird ein Gewerbe oft nach der Stadt oder dem Land benannt, bei denen die Chance am größten ist, dass die Leute sie gedanklich mit dem Produkt verbinden, das man verkaufen will. Will man beispielsweise Musik und gute Pub-Stimmung verkaufen, nennt man sich »Dublin«. Will man Sex verkaufen, nennt man sich »Amsterdam«. Wenn Haschisch-Läden im Süden legal wären, würden sie auch »Amsterdam« heißen.

Zwei Klischees, die im Süden besonders verbreitet sind, lauten:

»In den Niederlanden bezahlen die Menschen für Sex.«

»In Schweden bezahlen die Menschen nicht für Sex, haben aber trotzdem ständig welchen.«

In Palma ging ich an einem Pub vorbei, wo die Fußball-WM auf Breitleinwand übertragen wurde. In witziger Form wurden die Spiele beworben, die zu sehen sein würden. Irland hieß The Paddies, während die schwedische Nationalmannschaft den Namen Sexy Sweeden hatte. Ein Ruf, den sie unmöglich mit ihrer Spieltechnik erworben haben können. Auf derselben Reise hörte ich zufällig mit, wie ein (auch wenn es unwahrscheinlich klingen mag) unsympathischer, Zigarre rauchender Ire mit kaum verhohlenen Absichten ein paar jungen Schwedinnen die historisch zweifelhafte Theorie darlegte, die Wikinger seien durch die Welt gereist und hätten alle hübschen Mädchen mit zurück nach Skandinavien genommen, wo diese heute noch lebten.

Dieser zählebige Mythos mag einer der Gründe dafür sein, dass das Wort »skandinavisch« auch im Nachtleben des Südens einen gewissen positiven Klang zu haben scheint. Es steht anscheinend für etwas wie »unkomplizierte, ausgelassene Fröhlichkeit und viel Alkohol«. Die Bar Blue Note auf Ios nennt sich skandinavisch. Das heißt nicht, dass die Bedienung Volkstracht trägt und Elchschilder an den Wänden hängen. Es ist eher die Atmosphäre, die dem entspricht, was man sich unter einer skandinavischen Partystimmung vorstellt. Denn das Klischee von Skandinaviern besagt: Wenn wir erst einmal feiern, dann auch richtig. Davon abgesehen hat das Blue Note nicht viel Skandinavisches an sich, vom Namen ganz zu schweigen. Zwar wird viel schwedische Popmusik gespielt, aber wo wäre das nicht so? Skandinavische Lokale werden auch nicht notwendigerweise von Skandinaviern betrieben. Genauso wenig wie irische Pubs notwendigerweise von Iren betrieben werden.

Jeder kann ein beliebiges Lokal eröffnen, ganz gleich, woher er kommt. Jeder kann sich eine Reislampe beschaffen und chinesisches Essen verkaufen. Jeder kann Bier verkaufen und irische Musik spielen. Jeder kann ein Stück Ananas auf irgendetwas legen und behaupten, es sei ein Gericht aus Hawaii.

Das lässt sich überall beobachten. Die Welt ist voller Pakistaner, die indische Restaurants betreiben, voller Koreaner, die Chinarestaurants betreiben, voller Deutscher, die irische Pubs betreiben, und voller Norweger, die französische Restaurants betreiben. Man spielt mit den Klischees über die verschiedenen Länder. Und manche Länder haben einfach besseres Essen als andere.

* * *

Aber wer betreibt eine österreichische Rockbar? Und mit welchen Klischees spielen sie?

Was fällt dir ein, wenn du an Österreich denkst?

Ein paar Vorschläge: Adolf Hitler, Arnold Schwarzenegger, Wolfgang Amadeus Mozart, Maria von Trapp, Jörg Haider.

Man kann über diese Ansammlung sicher vieles sagen, aber kaum, dass sie besonders rockig ist. Deshalb muss ich kichern, als ich die österreichische Rockbar Pegasus betrete. Und ich kichere noch mehr, als ich das Schild an der Wand sehe:

Ausgeflippt im Pegasus.

In meiner Jugend wurde ich mit Filmen über den Zweiten Weltkrieg gefüttert, in denen alle Deutschen Rattenaugen haben und sich nur in einsilbigen Wörtern äußern, wahrscheinlich weil fast alle Schauspieler eigentlich Amerikaner waren, die nicht mehr als eine Silbe in fließendem Deutsch hinbekamen. Und ich finde, dass selbst ein solcher Slogan über das Ausflippen auf Deutsch wie ein Befehl klingt. Ausgeflippt! Schnell, Mensch, schnell!

Die Frage ist, ob es überhaupt österreichischen Rock gibt. »Österreichischer Rock« - das hört sich an wie ein Witz. Ein bisschen wie »Schweizer Liebhaber«. Oder »italienische Ordnung«. Aber natürlich gibt es ihn.

Ich weiß, dass eine Österreicherin namens Lolita 1960 mit dem Schlager »Seemann, deine Heimat ist das Meer« auch in Norwegen großen Erfolg hatte, aber damals war ich noch nicht einmal geboren. Dagegen erinnere ich mich an ein paar österreichische Stars späterer Jahrzehnte wie beispielsweise an Falco, der in Songs mit unschlagbaren Titeln wie »Der Kommissar« und »Rock me Amadeus« auf Englisch und Deutsch abwechselnd sprach und sang. Die Band Edelweiss war Ende der Achtzigerjahre in einem Genre erfolgreich, das sie selbst erfunden hatte: Techno-Jodeln. Der letzte österreichische Superhit, an den ich mich erinnere, ist »Live is life«, die Aufnahme von einem Open-Air-Konzert, mit dem die Band Opus 1985 in allen Charts Spitzenplätze eroberte. Der Text des Songs ist so schlicht, dass man sich fragen muss, ob die Kriterien für einen Song überhaupt erfüllt sind.

Live is life
Na na na na na
Live is life
Na na na na na
Live is life
Na nan a nan a
Liiiiiive is life
Na nan a nan a
Live is liiiiife
Na nan a na naaaaa
Live iiiiiis life
Na naaa na na naaa na
Usw.

Es gibt eine Reihe europäischer Länder, die nur selten die Hit-listen der Welt anführen, doch wenn sie es einmal schaffen, dann sorgen sie auf jeden Fall für Irritation. Österreich ist ein Beispiel dafür, Belgien ein anderes. Belgien hat uns die Hardrockband Krokus und den Schnulzensänger Helmut Lotti beschert. Die Niederlande haben unter anderem mit dem »Ententanz«, »Wood-peckers from space« und »Ding dinge dong« zur Musikgeschichte beigetragen sowie mit Art Companys »Susanna«, einem beinahe ebenso irritierenden Gemeinschaftssong wie »Live is life«. Die teilweise niederländischen Vengaboys hatten außerdem 1999 mit »We're going to Ibiza« einen Sommerhit.

Und hier sind wir bei einem wichtigen Punkt: Es geht ja um Süden-Musik. Irritierende Popmusik ist irritierend, aber in den Ferien macht sie sich gut. Wenn viele zusammen sind und sich so aufs Tanzen und Hüpfen konzentrieren, dass jeder Text, der län-ger ist als eine Zeile, eine unüberwindbare Herausforderung dar-stellt. Wenn nicht Sommer ist und du nicht auf einer Party bist, sieht es ganz anders aus. Im Herbst allein herumzusitzen und »Woodpeckers from space« zu hören, ist beispielsweise ein Erleb-nis für Menschen mit einem sehr ausgefallenen Musikinteresse.

Vielleicht ist es gar nicht so erstaunlich, wenn man noch nie in belgischen oder österreichischen Rockbars gewesen ist. Wenn du die Tür zu einer österreichischen Rockbar öffnest, hast du entweder einen ganz speziellen Sinn für Humor oder die österreichische Staatsbürgerschaft. Eine schweizerisch-nieder-ländisch-belgisch-österreichische Popbar wäre hingegen ein si-cherer Süden-Gewinner. Es ist vielleicht kein Barkonzept, das mit der gleichen internationalen Beachtung rechnen darf wie irische Pubs, doch im Süden sollte es gute Chancen haben, sich zu behaupten.

Allerdings wird in der österreichischen Bar nicht einmal die österreichische Musik gespielt, die es gibt. Weder »Der Kommissar« noch »Bring me Edelweiss«. Nicht einmal »Live is life«, obwohl es perfekt passen würde - spätnachts an einem Ort, wo alle hingekommen sind, um zu feiern. Meine Schlussfolgerung wäre, dass der Inhaber der österreichischen Rockbar überhaupt kein Österreicher ist. Ich glaube, er hat sich einfach etwas ausgedacht, um eine Gruppe von Touristen anzuziehen, die die übrigen Bars auf Ios bei ihren kreativen Versuchen der Kundenakquise übersehen haben: österreichische Rock-Teenager.

Erst als ich das Pegasus verlasse und darüber nachdenke, dass sie nicht »Live is life« gespielt haben, geht mir auf, wie exotisch das, was ich gerade erlebt habe, eigentlich ist. Es ist ja schon exotisch genug, dass ich in einer österreichischen Rockbar gewesen bin. Aber die österreichische Rockbar, in der ich gewesen bin, ist nicht einmal eine echte österreichische Rockbar. Es ist eine stinknormale Bar, die sich damit zu brüsten versucht, eine österreichische Rockbar zu sein.

So etwas erlebt man nur im Süden.

Na na na na na.
Liiiiiiiive is life.
Na naaaaa na na na.

Zehn Slogans und Angebote, die es auf Ios gibt

Buy seven shots and get a free t-shirt (überall)

Buy seven shots and get a free g-string (Flames Bar)

Beste Disco-Bar auf Ios mit österreichischer Atmosphäre
(Parachute Club)

Ausgeflippt im Pegasus (Pegasus)

Skål ta mej fan (Skål zum Teufel – im griechisch-
schwedischen Restaurant Seven Eleven)

Här kan du köpa snus
(Hier kannst du Kautabak kaufen,
Blue Note)

Fuck Mondays (Zulu Club)

**Maybe Mick Jagger couldn't get no satisfaction,
but in Ios you can** (Satisfaction)

Ios only dancing club (Disco 69)

The most famous night club in Ios (Scorpions)

Zehn Slogans und Angebote, über die sich auf Ios niemand wundern würde

The only very famous night club on Ios

The only extremely famous night club on Ios

The first, last, oldest, best and cheapest
dance-pub-bar-disco-club on Ios ever

The only Swiss-Austrian rock & roll night club in the world

Schprudelwasser! Schprudelwasser!

Drink twenty shots chosen by the bartender and get
ten kilos of free porn

Här kan du köpa surströmming
(Hier kannst du vergorenen Hering kaufen)

The only long living surströmming serving
all night party pub on Ios

Trinke sieben Bier auf ex und erhalte eine Frühstückspizza
und einen fertig gerollten Löwenzahn gratis

Tag 7

IOS

Heute Abend war im Zimmer der schwedischen Jungs-
clique gleich gegenüber Vorglühen angesagt. Sie spielten
Stücke wie »We will rock you«, und die Stimmung hörte sich
leicht testosterongeschwängert an.

Kurz vor halb neun öffnete sich die Terrassentür. Einer der
Jungen kam heraus. Er blickte nervös herum, um sich
zu vergewissern, dass keiner von den anderen ihn bemerkt
hatte. Dann stellte er sich ganz dicht an die Wand, wo die anderen
im Zimmer ihn nicht sehen konnten, stand dort eine
halbe Stunde und betrachtete den Sonnenuntergang.
Dann ging er wieder hinein.

Knut auf Antiparos

25 Man ist nicht im Süden gewesen, bevor man nicht einen Nachbarn getroffen hat. Eine Standardmeinung über Pauschaltouristen besagt, dass sie ins Ausland reisen und ausschließlich mit Landsleuten reden. Deshalb ist es erstaunlich, dass man auf einer kleinen griechischen Insel ohne Chartertourismus halb Norwegen treffen kann.

Das Erste, was mir auf der Insel Antiparos passierte, war, dass auf dem Kai ein Mann versehentlich mit mir zusammenstieß und »unnskyld« sagte. Nicht »sorry«, sondern »unnskyld«.

Schon bald war mir klar: Wenn du im Juli auf dem Kai von Antiparos zufällig mit einem Menschen zusammenstößt, dann beträgt die Wahrscheinlichkeit, dass er Norweger ist, achtzig Prozent. Und zwanzig Prozent beträgt die Wahrscheinlichkeit, dass der Betreffende am Kai ist, um dir ein Zimmer in einem Hotel voller Norweger anzubieten. Wenn du dich einmal fragen solltest, wo all die norwegischen Familien mit Kindern in den Ferien hinfahren, dann habe ich die Antwort: Sie sind hier. Ich glaube, ich habe noch nie so viele Norweger an ein und demselben Ferienort versammelt gesehen. Wenn man im Ausland in einem Hotel eincheckt, wird man an der Rezeption oft höflichkeitshalber gefragt: »Where are you from?« Hier fragen sie nicht einmal. Sie wissen es einfach. Es gibt hier so viele Norweger, dass mindestens vierzig Männer antworten würden, wenn du »Knut« riefest. Und wenn ein Handy klingelt, greift die ganze Insel zum Telefon.

Natürlich kannst du ein Stück gehen oder Rad fahren, um an eine Stelle zu gelangen, wo fast keine Norweger sind. Aber das ist ja unnötig kompliziert auf einem Erdball, auf dem die Vermeidung von Norwegern nicht das Allerschwierigste ist, wenn du Wert darauf legst. Wenn die norwegischen Sommerferien vorbei sind, wird die Insel bestimmt von anderen Nationen übernommen. Aber im Juli ist es hier norwegischer als in Hamresand. Auf einer Internetseite für Inselhopper las ich den Beitrag eines Amerikaners, der Antiparos empfahl, aber auch darauf aufmerksam machte, dass es sehr viele Skandinavier und Mücken gebe.

Antiparos ist eine klitzekleine Insel, die logischerweise gleich bei der wesentlich größeren Insel Paros liegt. Auf Antiparos gibt es eine einzige Ortschaft, in der nicht besonders viele Menschen leben. Antiparos hat echte Fischer.

Und nach Antiparos gehen keine norwegischen Charterflüge.

Finde den Fehler.

Dass Menschen möglichst nicht mit anderen Landsleuten auf Pauschalreise gehen wollen, ist durchaus verständlich.

Dass all diejenigen, auf die das zutrifft, auf dieselbe Insel reisen, ist allerdings eher rätselhaft.

Dass Menschen sich in Griechenland ihre eigene Insel suchen, ist völlig okay.

Dass diese Menschen alle dieselbe Insel finden, ist jedoch erstaunlich.

Keine Frage: Es ist nachvollziehbar, dass Menschen sich hier wohlfühlen. Es ist schön hier. Es ist still und ruhig. Die

Stimmung ist gelöst. Überall bekommt man gutes Essen. Und es ist sehr kinderfreundlich. Das Zentrum der Ortschaft ist auto-frei, und der einzige Strand ist so flach, dass du, wenn dein Ur-laub lang genug ist, bis nach Afrika spazieren kannst.

Und es muss natürlich keine Katastrophe sein, dass Nor-weger sich zusammenfinden. Das größte Problem von uns Nor-wegern ist ja nicht, dass wir die halbe Nacht aufbleiben und mit Landsleuten reden, wenn wir im Urlaub sind. Das Problem ist, dass wir es den Rest des Jahres nicht tun.

Antiparos könnte ebenso gut ein typisch norwegisches Charterziel sein. Aber die Insel unterscheidet sich in mehrfacher Hinsicht von typischen norwegischen Charterzielen. Unter an-derem habe ich das Gefühl, dass hier ein höherer Prozentsatz der norwegischen Touristen beruflich im Kultursektor oder in der Medienbranche tätig ist als an vielen anderen Orten im Süden.

Es ist eine hübsche Pointe, dass diejenigen, die Jahr für Jahr auf *ihre Insel* abseits des Chartertrubels reisen, sich aus genau den gleichen Gründen wohlzufühlen scheinen wie Leute, die sich in All-inclusive-Anlagen mit Teddyclub und Afro-Night wohlfühlen: Es ist entspannt. Es ist ruhig. Es ist super für die Kinder. Und ganz in der Nähe gibt es ein paar Sehenswürdig-keiten und ein paar unberührte Flecken.

Und ebenso hübsch ist es, dass es auf Antiparos eine klei-ne norwegische Kolonie gibt, die nicht so bekannt ist wie das Rentnerghetto an der spanischen Küste, aber mindestens so nor-wegisch - auf einer kleinen griechischen Insel voller Norweger, die sich von den Nachteilen des Massentourismus weggeträumt und stattdessen einen Ort mit allen Vorteilen des Massentouris-mus gefunden haben.

Ob wohl die Herdentouristen und die Individualisten im Grunde das Gleiche suchen?

Führen womöglich alle Reisen in den Süden?

AUS DEM REISETAGEBUCH GRIECHENLAND

Tag 8

ANTIPAROS

Gespräch am Kai:
»You need a place to stay?«
»No, thank you.«
»You from Norway?«
»Yes.«
»My ... girlfriend is from Norway.«
»Really?«
»Yes. *Jeg elsker deg.*«
»Thank you.«
»So do you want to see the room?«
Ich muss unbedingt versuchen, bald mit einem der
klugen alten Griechen ins Gespräch zu kommen.

Und in der nächsten Stunde tanzen wir auf der Theke

26 Einmal sah ich meine Hauswirtschaftslehrerin auf offener Straße Schokolade essen. Es war ein Schock für mich.

Sie war eine Hauswirtschaftslehrerin, wie es sich gehört, streng, aber gerecht und engagiert. Sie meinte es ernst und war erbarmungslos, wenn es um die Vergeudung von Essen ging. Essen war nichts, womit man spielte oder was man genießen sollte. Sie zeigte uns die Ernährungspyramide und erklärte uns, wie wichtig es sei, gesund zu essen und sich mit allen Vitaminen zu versorgen. Sie dozierte über Mangelkrankheiten und ermahnte uns, regelmäßige Mahlzeiten zu uns zu nehmen statt dieser andauernden Knabberei, mit der viele angefangen hatten. Sie war keineswegs der Meinung, dass Essen Kunst oder Rock & Roll sei, wie manche Fernsehköche es behaupten. Sie lehrte uns, mit möglichst geringem zeitlichen und finanziellen Aufwand möglichst gesundes Essen zu kochen.

Und dann stand sie da, mitten auf der Straße, am helllichten Tag, an einem Wochentag mitten zwischen den Mahlzeiten, und aß Schokolade! Sie aß diese Schokolade nicht nur. Sie genoss sie. Selten habe ich jemanden ein Stück Schokolade so genießen sehen. Sie stopfte sich ein großes Stück Mars in den Mund. Der Schokoladenriegel hatte bestimmt eine ganz normale Größe, aber in meiner Erinnerung ist er grotesk groß. Sie hatte die Augen geschlossen. Ich glaube sogar, dass sie leise stöhnte.

Ich war erschüttert. Alles hatte sie falsch gemacht. Sie aß etwas Ungesundes zwischen den Mahlzeiten, und sie vergeudete Essen. Die Hälfte der Schokolade klebte noch um ihren Mund. Sie verstieß gegen all ihre Regeln auf einmal. Und es machte ihr offenbar Spaß.

An diesem Tag begriff ich, dass Lehrer nicht nur Lehrer sind, sondern ganz normale Menschen, die ein eigenes Leben haben.

Natürlich wusste ich, dass meine Lehrer auch Mütter und Väter und Frauen und Männer waren, dass sie Handball trainierten und laufen gingen und auch noch ganz andere Dinge machten. Ich hatte nur nie darüber nachgedacht, was das bedeutete, bevor es mir an diesem Nachmittag schlagartig klar wurde. Ich war wohl davon ausgegangen, dass Lehrer trotz allem in erster Linie Lehrer waren. Es wollte mir nicht in den Sinn, dass sie gelegentlich völlig aus dieser Rolle heraustreten konnten. Die Vorstellung, einer meiner Lehrer könnte einmal selbst ausgeschimpft werden, lag mir fern und schien völlig absurd. Es wäre mir nie in den Kopf gekommen, dass mein Mathelehrer sich eigentlich mehr für beispielsweise Fußball oder Musik interessierte als für Mathematik. Ich konnte mir nicht vorstellen, dass der Norwegischlehrer beim Abendessen Lust haben könnte, über etwas anderes zu reden als das Plusquamperfekt. Und es war für mich undenkbar, dass die Hauswirtschaftslehrerin sich vielleicht nicht nur gesund ernährte.

Später erlebte ich etwas Ähnliches, als die Eltern von Freunden auf eine Party in der Nachbarschaft eingeladen waren und spätnachts nach Hause kamen. Am folgenden Tag erzählten sie, dass es Zeit gewesen sei zu gehen, als der Gastgeber und seine Frau angefangen hätten, nach den Songs aus *Grease* zu tanzen. Aber ... die Gastgeber ...?, dachte ich. Das sind doch ... Lehrer!?

Zu dieser Zeit war ich eigentlich schon viel zu groß für solche Gedanken, aber ich konnte nicht anders. Falls du nicht verstehst, was ich meine, empfehle ich dir, *Grease* auszuleihen. Wenn du zu der Szene kommst, in der John Travolta seinen Freunden in Liedern vom Sommer erzählt und in einem leeren Stadion herumspringt und »oh-oh, those summer nights« singt, dann versuch dir vorzustellen, dass da nicht John Travolta tanzt, sondern dein Deutschlehrer.

Eben.

Ein solches Verhältnis hat man natürlich zu vielen Erwachsenen, wenn man klein ist. Man denkt sie sich in der Rolle, in der man sie am häufigsten sieht. Die Eltern meiner Freunde waren in erster Linie die Eltern meiner Freunde. Noch heute weiß ich bei den meisten von ihnen nicht genau, was sie beruflich machten. Diejenigen, die wir tagsüber bei der Arbeit sehen konnten, wie Lehrerinnen und Verkäufer, empfand ich in erster Linie als Vertreter ihres Berufs. Wenn jemand mich gefragt hätte, dann wäre ich überzeugt gewesen, dass die Frau im Narvesen-Laden die ganze Zeit in der Narvesen-Uniform herumlief. Auch in der Freizeit. Sogar in den Ferien.

Mit den Jahren verändert sich die Sicht der Dinge, und so war es auch bei mir, was die meisten Berufe angeht. Bei Lehrern tue ich mich immer noch schwer. Ich bin inzwischen so erwachsen, dass ich mehrere Lehrer im Bekanntenkreis habe. Und ich muss gestehen, dass ich manchmal Probleme habe, mich in ihrer Gesellschaft ganz normal zu benehmen. Jetzt ist die Situation umgekehrt, weil ich Lehrer im Allgemeinen in der Freizeit treffe und nicht als Lehrer kenne. Wenn ich auf einer Party bin und einen gleichaltrigen Lehrer sehe, der mit einem Glas Wein in der Hand dasitzt und über einen Witz lacht, gelingt es mir nicht, so sehr ich es auch versuche, ihn in seiner beruflichen Rolle vor mir zu sehen. Ich kann mir beim besten Willen nicht vorstellen, dass dieser Mann, der so durch und durch verantwortungslos wirkt und einen Hang zu wenig kinderfreundlichem Humor hat, in einigen Stunden wie ein allwissender Übermensch vor einer Tafel stehen und der nächsten Generation die Fotosynthese erklären wird.

**

Ich erzähle dies alles, weil ich eine Lehrerin auf einer Bartheke habe tanzen sehen.

Ich weiß nicht ganz sicher, ob sie Lehrerin war. Man kann sich ja nie sicher sein, aber in der Regel sieht man den Leuten so etwas ziemlich leicht an. Und ich halte es zu mindestens neunzig Prozent für wahrscheinlich, dass sie Lehrerin war, vermutlich für Gemeinschaftskunde. Es geschah in einer Bar auf Antiparos im Juli, also können wir auch davon ausgehen, dass es sich um eine norwegische Lehrerin handelte.

Es gibt auf Antiparos ein paar Bars, die »zeitlose Popmusik« spielen, wie man das gern nennt. Was zeitloser Pop ist, hängt oft davon ab, in welchem Jahrzehnt diejenigen, die den Ausdruck benutzen, jung waren. In dieser Bar war der zeitlose Pop die Musik der Sechziger- und Siebzigerjahre. Die Bar füllte sich im Verlauf des späteren Abends, wahrscheinlich mit norwegischen Ferieneltern, die abwechselnd ausgingen.

Als der Diskjockey »Aquarius« aus *Hair* auflegte, beschloss die halbe Versammlung, dass die Zeit gekommen sei, um auf der Bartheke zu tanzen. Einige der Tanzenden waren Männer, die nicht mehr so viel Haar zu schütteln hatten, es aber aus alter

Gewohnheit trotzdem taten. Und eine von den Tanzenden war offenbar Lehrerin.

Warum auch nicht? Auch Lehrern muss es erlaubt sein, sich im Süden auszuleben. Lehrer zu sein macht ja auch nicht immer Spaß. Man muss die ganze Zeit aufpassen, was man tut. Wenn man Lehrer ist, kann man sich in seiner Freizeit nicht benehmen, wie man will. Wenn man nur tut, wozu man Lust hat, und zum Beispiel auf einer Bartheke tanzt oder auf offener Straße pervers dicke Marsriegel mampft, geht man das Risiko ein, dass das eine oder andere sensible Kind mit einem übertriebenen Respekt vor Lehrern einen Schock bekommt, den es erst verarbeiten kann, wenn es sich zwanzig Jahre später hinsetzt und es sich in einem Buch von der Seele schreibt, ein wenig hilflos als Humor getarnt.

Andererseits: Wir sind auf Antiparos. Es ist Juli. In Norwegen sind Sommerferien. Es ist nicht ganz unwahrscheinlich, dass Schüler von ihr auch hier sind. Genau genommen ist es sogar wahrscheinlich, dass sie genau hier sind. Gleich wird eine kleine Familie hier draußen vorbeigehen. Der Sohn der Familie wird abrupt innehalten. Und ungläubig seine Lehrerin anstarren, die auf der Bartheke tanzt.

Dann werde ich hinausgehen, eine erwachsene Hand auf die Schulter des Jungen legen und sagen: »Ich weiß, was du denkst, mein Junge. Bleib ganz ruhig. Da muss man durch. Das gehört zum Erwachsenwerden.«

Gespräche mit klugen alten Griechen, 1. Versuch

ICH:

»Good morning.«

ER:

»We have internet access inside.«

Ausländisch für Ausländer, Teil 2

27 In Kroatien gibt es eine Stadt mit dem Namen Pula, in Slowenien liegt ein Berg mit dem Namen Kuk, und auf den griechischen Inseln wimmelt es von Dörfern, die Hora heißen. Das ist für kindische norwegische Touristen natürlich lustiger als für die meisten anderen, denn das norwegische Verb »pula« bedeutet auf Deutsch vögeln, während »kuk« das norwegische Wort für Schwanz ist und »hora« Hure bedeutet.

Das ist nicht nur deshalb lustig, weil ein kindliches Gemüt sich über anstößige Wörter freut. Lustig daran ist auch, dass ein derbes Wort derb ist, ohne sich dessen bewusst zu sein. Das derbe Wort wird nicht von einem pickeligen Dreizehnjährigen geflüstert oder laut von einem angeberischen Zwanzigjährigen gerufen. Es steht da, nüchtern und ordentlich, auf einem Straßenschild, auf einer Karte, in einem Atlas. Diejenigen, die dort leben und dieses Schild jeden Tag sehen, wissen vielleicht nicht einmal, dass der Name ihrer Stadt in einer anderen Sprache etwas Unanständiges bedeutet. Sie leben ihr Leben, gehen zur Arbeit, heiraten, trennen sich, bekommen Kinder, schicken sie zur Schule, lesen die Zeitung und essen zu Abend, ohne zu ahnen, dass sie in einem schmutzigen Witz leben.

Unbeabsichtigter Sprachwitz ist eine unterschätzte Seite des Reisens. Die Welt ist voll von Wörtern, deren Bedeutung sich ändert, je nachdem, wer sie liest. Du brauchst nicht einmal besonders weit zu reisen. Schwedische Besucher in norwegischen Gemeinden mit aktiven Schützenvereinen (davon gibt es einige) brechen aus verständlichen Gründen zusammen, wenn sie biedere Lokalzeitungen aufschlagen und darin lesen, dass am nächsten Samstag Beischlafmeisterschaften stattfinden (das harmlose norwegische Wort »samlagsmeisterskap«, zu Deutsch Vereinsmeisterschaft, wirkt auf Schweden so witzig, weil »samlag« in ihrer Sprache Beischlaf bedeutet). Selbstverständlich ist nicht das Wort »samlag« an sich für einen Schweden so lustig. Die meisten Schweden dürften es schon einmal gesehen haben. Komisch ist, dass es in einer ziemlich langweiligen Anzeige in einer ziemlich langweiligen Lokalzeitung steht, vielleicht direkt unter einer Anzeige des Gartenbauvereins und neben einer Werbung für den Wohltätigkeitsbasar im Gemeindesaal am Mittwoch.

Um unterhaltsam zu sein, muss das fremdsprachige Wort in der eigenen Sprache natürlich keine derbe Bedeutung haben. Schon die Existenz einer allgemein beliebten Urlaubsinsel mit dem Namen Kos (das norwegische Verb »kose« bedeutet auf Deutsch unter anderem kuscheln) ist fantastisch. Menschen aus englischsprachigen Ländern finden es natürlich witzig, dass mitten in Norwegen eine Ortschaft mit dem Namen Hell liegt, wo man sogar im Hell Hotel absteigen kann. Während der norwegischen EU-Debatte entdeckte jemand zufällig, dass mitten in Deutschland, mitten in der EU, mitten zwischen Frankfurt und Bonn die Stadt Lahnstein liegt. Die Politikerin und entschiedene EU-Gegnerin Anne Enger-Lahnstein ist bei Weitem nicht die einzige Norwegerin, die im Ausland eine eigene Stadt hat. Ich habe zum Beispiel einen eigenen Berg in Schweden. Arefjället liegt ziemlich weit im Norden, dicht an der norwegischen Grenze. Sollte ich eines Tages das Bedürfnis haben, mein Selbstgefühl ordentlich zu stärken, brauche ich nur daran zu denken, dass in Estland (Arensburg) und in Griechenland (Areopolis) Städte nach mir benannt sind.

Allerdings sind die anzüglichen Doppelbedeutungen natürlich am witzigsten, insbesondere wenn es eine deutliche Differenz zwischen dem absolut Kindischen und dem absolut Korrekten gibt. Das wird auch dem Protagonisten in Erlend Loes Roman *Naiv. Super* klar, als er und sein Bruder eine Stunde in der New York Public Library damit verbringen, nach Autoren zu suchen, deren Namen zugleich norwegische Tabuwörter sind. Tatsächlich finden sie eine ganze Reihe von erfolgreichen Akademikern, die durchs Leben gehen, ohne zu wissen, dass sie wie ein Geschlechtsorgan heißen.

Nur in seltenen Fällen haben anstößige Doppelbedeutungen irgendwelche Konsequenzen. So musste beispielsweise Honda sein neues Mehrzweckauto »Honda Fitta« umbenennen und das Werbematerial zurückziehen, bevor der Wagen in Skandinavien auf den Markt gebracht werden konnte. Ursprünglich war geplant, den Fitta (schwedisches Wort für das weibliche Geschlechtsorgan) als einen Wagen zu bewerben, der außen klein, aber im Inneren geräumig war. Broschüren mussten neu gemacht werden, Werbefilme mussten entfallen. Und der Wagen bekam den unverfänglicheren Namen »jazz«.

Anstößige Doppelbedeutungen sind sogar auf höchster politischer Ebene diskutiert worden. Im Jahre 1994 beschloss die Konferenz über Sicherheit und Zusammenarbeit in Europa (KSZE), ihren Namen in »Organisation für Sicherheit und Zusammenarbeit in Europa« (OSZE, englisch OSCE) umzuändern, was Malta zu einem Protest veranlasste. »Osce« ist nämlich ein maltesisches Wort für das weibliche Geschlechtsorgan. Ich bekomme unglaublich gute Laune bei der Vorstellung, wie eine Versammlung seriöser alter Männer in Anzügen in einem großen Konferenzsaal sitzt und tatsächlich über dieses Thema diskutiert.

Der Name der Organisation wurde nicht nochmals geändert, und so muss es nach diesem Tag ein ganz neues Erlebnis gewesen sein, im maltesischen Fernsehen die Nachrichten über internationale Sicherheitspolitik zu verfolgen. Man stelle sich nur einmal einen Tagesschausprecher vor, der erklärt, die Konsequenzen einer eventuellen EU-Ausweitung nach Osten seien Gegenstand der am Wochenende geführten Beratungen der europäischen Sicherheitsorganisation FOTZE gewesen.

Im Außenministerium kursierte jahrzehntelang ein Witz über einen griechischen Diplomaten, der angeblich den Namen Papakomopulmeos trug (norwegisch in etwa: Papa, komm und vögel uns). Damit ist bewiesen, dass sogar Diplomaten einen versauten Humor haben. Und man kann daraus noch etwas lernen: Sollte man im Urlaub Langeweile bekommen, lässt sie sich schnell vertreiben, indem man sich Wortspiele mit griechischen Wörtern und Namen überlegt.

Was man tun kann, wenn man sich im Süden langweilt (griechische Version)

28 ... sich Scherznamen von griechischen Inseln ausdenken. Hier ist eine kleine Auswahl von griechischen Inselnamen, die mir im letzten Sommerurlaub eingefallen sind, während ich im Hotelzimmer lag und mich von meinem Sonnenstich erholte.

Apropos
Sopranos
Verkehrschaos
Kokos
Borrelios
Eros
Abos
Kinos
Aperos

Arglos
Korsos
Gyros
Limos
Primitivos
Saltos
Knaxos
Tangos
Toreros
Videos
Wolkenlos
Zampanos
Pornos
Stillos
Reglos
Autos
Mythos
Persos
Pestos
Kurios
Heros
Hugos
Kabellos
Katzenklos
Kontos
Banjos
Cabrios
Casinos
Discos
Dildos
Euros
Geckos

Gespräche mit klugen alten Griechen, 2. Versuch

ICH (lächelnd, in Sprachführer-Griechisch):

»Guten Tag, mein guter Mann.«

ER (lächelnd, in Sprachführer-Englisch):

»Viertel nach sechs.«

Auch T-Shirts sind im Süden eine wichtige Quelle für Humor. Du kannst die lustigen T-Shirts mit den auf Sex oder aufs Saufen fixierten Sprüchen überall kaufen. Und wie alles andere mehr oder weniger Anzügliche sind auch die Süden-T-Shirts nicht wirklich witzig - außer sie tauchen außerhalb ihres ursprünglichen Zusammenhangs auf.

Es kann viele Gründe haben, dass Leute im Süden humoristische T-Shirts kaufen. Bestimmt gibt es manche, die es im Urlaub ganz einfach für eine witzige Idee halten und erst zu Hause einsehen, dass sie für ein T-Shirt mit dem Text »49 % son of a bitch, 51 % motherfucker« wohl nicht mehr so viel Verwendung haben werden. Viele kaufen solche T-Shirts aus reinem Jux. Als Trash-Souvenir. Oder als ironisches Geschenk für Freunde. Es gibt ganz sicher auch Leute, die sie als wohlgemeinte Geschenke kaufen, sich aber bei den Empfängern total verschätzt haben. Supercoole Onkel, die ihrem jugendlichen Neffen etwas mitbringen. Neffen, die etwas für ihren Onkel kaufen, den sie für supercool halten.

Doch ungeachtet dessen, wie fehl am Platz der lustige Süden-Spaß wirken kann, wenn die Ferien vorbei sind, ungeachtet dessen, wie unwillkommen das Geschenk ist, ungeachtet dessen, von welch kurzer Dauer die Freude über ein ironisches Mitbringsel ist – es sind trotz allem T-Shirts, also brauchbare Kleidungsstücke. Sie einfach wegzuwerfen, wäre blöd. Deshalb wandern die Süden-T-Shirts oft auf den Stapel mit Sachen, auf die es nicht so ankommt, Sachen, die man für die praktische Arbeit zu Hause oder im Garten oder zum Sport trägt.

Deshalb kann es passieren, dass man im Fitnessstudio Geschäftsführer mittelgroßer norwegischer Unternehmen in T-Shirts mit der Aufschrift »Shy guy with big dick« antreffen kann. Und so kommt es, dass Stützen der Gesellschaft, die beim Rasenmähen eine Pause einlegen, um ein paar höfliche Worte mit der neunzigjährigen Nachbarin zu wechseln, den Text »Hung like Einstein, smart like a horse« auf der Brust tragen.

Und dann gibt es die, denen es egal ist, was sie anhaben. Oder die müde sind oder es morgens eilig haben und einfach das Erstbeste anziehen, bevor sie aus dem Haus stürzen, um noch den Bus zur Arbeit zu bekommen. Wo sie eine Viertelstunde später vor hundert Studenten eine Vorlesung über die Bedingungen der Demokratie in Osteuropa nach dem Ende des Kalten Kriegs halten werden. In einem T-Shirt mit der Aufschrift: »Take me drunk, I'm home«.

Zehn T-Shirts, die du in Griechenland kaufen kannst

Good girls go to heaven, bad girls go to Greece

I am not as think as you drunk I am

Get stoned – drink wet cement

This t-shirt would look good on your bedroom floor

Alcohol, the reason I get up every afternoon

Alcohol, helping ugly people having sex for years

I'd worry about getting older if I weren't so damned sexy

Bad spellers of the world – untie!

I don't suffer from insanity, I enjoy every minute of it

There are three kinds of people: Those who can count
and those who can't

Zehn T-Shirts, die man in Griechenland kaufen können sollte

Good girls go to heaven, Norwegian teachers go to Antiparos

Norwegian teachers go to Antiparos, their kids go to Ios

Teachers' kids go to Ios, their parents go to pieces

Everybody in Norway went to Antiparos and all I got
was this lousy t-shirt

My friends bought lousy t-shirts and all I got was
a holiday in Greece

Beware: Dancing teacher

Ich reise allein

I'd worry about getting sexy if I weren't so damned old

It isn't drink that Norwegians true so much

Dies ist kein T-Shirt. Ich bin wirklich so blass.

Tag 11

MYKONOS

Habe ein sehr interessantes deutsches Reisehandbuch gefunden.

Nun ja, was heißt schon gefunden. Ich habe es in der Unterkunft geklaut. Es ist eine Unterkunft, wo es Bücherregale gibt, kein normales Hotelzimmer. Der Inhaber des vierten Hotels sagte nämlich das Gleiche wie die drei vorigen: Wir haben leider kein Zimmer frei. Dann fügte er hinzu: Das Einzige, was ich noch hätte, ist ein Haus.

So kam ich in das Haus. Bestimmt ist es das Haus eines Freundes, der längere Zeit im Ausland ist und seinen alten Freund, den Hotelbesitzer, arglos darum bat, dann und wann vorbeizugehen, die Blumen zu gießen und zu schauen, ob alles in Ordnung ist, und der nicht die geringste Ahnung davon hat, dass sein alter Freund, der Hotelbesitzer, gutes Geld damit verdient, sein Haus an Norweger zu vermieten, die ohne Skrupel deutsche Reisehandbücher aus den Regalen ehrlicher Leute stibitzen.

Das deutsche Reisehandbuch ist im Polyglott Verlag in München erschienen und nennt sich »Reiseführer«. Ja, tatsächlich. Das Buch erschien zum ersten Mal 1967, im selben Jahr, in dem die Militärjunta die Macht in Griechenland übernahm, ohne dass ich diesen Punkt hier unnötig ausweiten möchte. Alte Reiseführer sind immer unterhaltsam, weil man beim Lesen merkt, wie sehr sich manche Orte verändern, während andere sich nie verändern. Der Polyglott-Reiseführer ist ein ordentliches Reisehandbuch ohne Firlefanz. Es gibt kein überflüssiges poetisches Geschwafel, nur kurze, nüchterne Bewertungen für jede Insel, gespickt mit Zahlen und detaillierten Karten von Inseln, Städten, Meeresregionen und dem Inneren von Museen.

Über Ios ist zu lesen

»Viele Badebuchten mit Sandstränden sowie billige Privatunterkünfte sind gut für einen geruhsamen Urlaub geeignet.«

Ios gehört offenbar zu den Orten, die sich ziemlich verändert haben.

Wir werden sehen, wie es sich mit Mykonos verhält. Darüber steht im Reiseführer (neben einigen ehrlich gesagt weniger interessanten Details über Gesteinsarten und die Anzahl von Kirchen pro Quadratkilometer):

»Mykonos (2700 Einwohner), der malerische Hauptort der Insel, ist Touristenzentrum und beliebter Aufenthaltsort von Künstlern aus aller Welt. In Mykonos werden hübsche Webwaren und Stickereien angefertigt und verkauft.«

Kann man sich als letztes Reiseziel einer Süden-Tour mehr wünschen?

First I was afraid

29 Eine Sorte von humoristischen Süden-Geschichten handelt von naiven Touristen, die nicht ahnen, in welcher Art von Etablissement sie gelandet sind, bevor es zu spät ist.

Zum Beispiel die von der biederen Kleinfamilie, die ohne jeden Argwohn ein Lokal betritt, um etwas zu essen, und einige Minuten später wieder herausgestürzt kommt – unter dem wilden Jubel einer Clique im Straßencafé gegenüber, die anscheinend ihre Nachmittage damit verbringt, vor dem Café zu sitzen und sich über die Touristen lustig zu machen, die aus Versehen in einem Bordell gelandet sind.

Eine andere Geschichte, die ich gehört habe, handelt von zwei heterosexuellen jungen Norwegern, die nicht wussten, dass sie in eine Schwulenbar gegangen waren, denen jedoch etwas dämmerte, als der Barkeeper an ihren Tisch trat, einen Dildo aus der Brusttasche zog, ihn in den Drink des einen tunkte, den Dildo ableckte, ihn wieder einsteckte und zurück zur Bar ging, um den nächsten Kunden zu bedienen.

Wie so viel andere Süden-Folklore basieren auch diese veralteten Geschichten auf veralteter Panik. Für die meisten heutigen Heteros ist es kein Weltuntergang, eine halbe Stunde in einer Schwulenbar zu verbringen. Natürlich gibt es immer noch einige Heteros, die Skrupel haben. Das ist ihre Sache. Sie werden aber immer weniger. Nicht wenige Heteros gehen ganz freiwillig in Schwulenbars, und sie haben sich allmählich von der Vorstellung verabschiedet, dass man in Schwulenbars unmöglich ein Gespräch führen könne, weil die Leute dort sich die ganze Zeit in den Schritt fassen. Allerdings kenne ich eine ganze Menge Heterobars, die so sind.

Es gibt viele Gerüchte über Mykonos. Eins davon besagt, dass Mykonos eine Schwuleninsel ist, einem andern zufolge ist es eine Jetset-Insel. Ein drittes Gerücht spricht von einer Nudisteninsel, ein viertes bezeichnet Mykonos als Shopping-Insel. Bis zu einem gewissen Grad trifft das alles zu. Es gibt auf Mykonos sicher mehr schwule Touristen pro Quadratmeter als auf beispielsweise Antiparos. Die Dinge kosten hier etwas mehr als auf vielen anderen griechischen Inseln. Abends gehen auf Mykonos nicht so viele Leute in Latschen und praktischen Shorts und mit Dosenöffnern in den Taschen in die Stadt. Es gibt Strände, an denen Menschen sich unbekleidet sonnen. Und die Designerläden sind bis tief in die Nacht geöffnet. Aber selbstverständlich wimmelt es hier auch von heterosexuellen Familienmenschen mit normalem Einkommen und vernünftiger Kleidung. Es ist trotz allem eine griechische Insel, sogar mit Flughafen. Für viele Inselhopper ist Mykonos die erste und letzte Station ihrer Reise. Deshalb gibt es hier die unterschiedlichsten Leute. In den Schwulenbars von Mykonos-Stadt gibt es auch die unterschiedlichsten Leute, vor allem aber ist es voll. Und sehr lebhaft. Und man schließt sehr spät. Es ist so voll, dass das Nachtleben sich vor allem draußen abspielt, auf Terrassen und Bürgersteigen, auf Straßen und Plätzen, und – was in diesem Zusammenhang vielleicht am erfreulichsten ist – auf der Kirchentreppe.

Wenn ich so dasitze und darüber nachdenke, dass dies die letzte Station meiner Reise ist und dass es vielleicht an der Zeit ist, ein Resümee zu ziehen, dann komme ich zu folgendem Schluss: Der Süden ist wie eine Schwulenbar.

Der Süden erfüllt für Süden-Touristen die gleichen Funktionen wie Schwulenbars für Schwule. Insbesondere in früheren Zeiten, als schwul zu sein in breiten Schichten der Bevölkerung keine Akzeptanz hatte, waren Schwulenbars ein Raum, wo man genau so sein konnte, wie man wollte, wo man sich ausleben konnte, ohne dass die Menschen darauf reagierten, ohne dass man sich nach seiner Umgebung richten musste, ohne an die Rollen zu denken, die man im täglichen Leben zu spielen gezwungen war.

Wenn ich mich in der Icaros Bar umsehe, wo der Dragkünstler gerade die dritte Madonna-Nummer abzieht, sehe ich eine kompromisslose Feierlust und einen starken Widerwillen gegen den Gedanken, der Abend könnte jemals zu Ende gehen. Die Stimmung und die Energie der Besucher erinnern mich an das, was ich bei den Neunzehnjährigen in Magaluf gesehen habe, aber auch bei den hochqualifizierten Kleinkindeltern, die während der Afro Night in Alcúdia im Takt klatschten, bei den Jugendlichen, die sich am Sirtaki versuchten, und bei der Lehrerin, die vier Minuten lang auf der Bartheke auf Antiparos ein Star aus *Hair* war.

Jetzt wäre es perfekt, wenn ein norwegischer Urlauber hier hereinkäme, der sich in der Adresse geirrt hätte. Aber so richtig geirrt. Der fundamentalistische Pastor Jan Åge Torp zum Beispiel oder ein reaktionärer norwegischer Politiker, der am letzten Abend vor seinem Heimflug morgen nur noch einen kleinen Stadtspaziergang macht und hier hereinschaut, weil das Lokal so gut besucht und lebhaft ist. Der schnell begreift, was für ein Etablissement es ist, aber trotzdem einfach nicht gehen kann. Er kann nicht anders, er muss lächeln. Er kann nicht anders, er muss zu »Like a Prayer« klatschen. Er lässt sich ganz einfach mitreißen.

Dieses Szenario halte ich nicht für wahrscheinlich. Ganz unmöglich ist es jedoch nicht. Manchmal lächelst du, wenn du es nicht tun solltest. Bei Beerdigungen zum Beispiel. Oder wenn ein enger Freund dir erzählt, dass seine Frau ihn verlassen hat. Mitten in einem Streit, wenn dir plötzlich klar wird, worum ihr euch eigentlich streitet. Wenn du jemanden grüßt, der einfach lächerlich aussieht. Und zuweilen lachst du über Witze, die du eigentlich – wenn du darüber nachdenkst – verwerflich, geschmacklos und widerlich findest. Du willst nicht, aber du kannst nicht anders.

Und wenn Pastor Jan Åge Torp sich tatsächlich in eine Schwulenbar verirren sollte, könnte es passieren, dass er von der Stimmung angesteckt wird. Die Chancen sind nicht besonders groß, aber ich glaube trotz allem, dass es für die meisten Hoffnung gibt. Deshalb hoffe ich zumindest, dass es selbst Jan Åge Torp schwerfallen würde, in der Icaros Bar nicht ein bisschen Spaß zu haben oder ein wenig zu lächeln. Womöglich würde er sogar ein bisschen tanzen und sich um drei Uhr mitten auf der Tanzfläche das Hemd herunterreißen und singen.

»First I was afraid ...«

Es könnte passieren. Er selbst glaubt, es wäre möglich, Schwule zu heilen. Dann muss es doch auch möglich sein, einen beinahe hoffnungslosen Fall wie Jan Åge Torp dazu zu bringen, ein paar menschliche Züge zu zeigen.

Wo, wenn nicht hier?

Dies ist trotz allem der Ort, wo man seine Alltagspersönlichkeit zu Hause lässt, der Ort, an dem man Seiten auslebt, die man anderswo nicht auslebt, der Ort, wo Lehrerinnen auf der Bartheke tanzen, hippe Neunzehnjährige fünfundzwanzig Jahre alte Grand-Prix-Schlager mitsingen und Jugendliche aus der norwegischen Provinz aufs Meer hinausstarren und versuchen, tiefgründig auszusehen.

Dies ist trotz allem der Süden.

Letzter Tag

GARDERMOEN

Endlich sieht man die Trennlinie.
Yesss!